Zehn Lösungen aus dem Strafprozeßrecht

der

Staatsprüfungs-Aufgaben 1921–1926

Herausgegeben

von

Ferdinand Gerlach
Landgerichtsdirektor in München,
z. Zt. Hilfsrichter am Reichsgericht

1931
München, Berlin, Leipzig
J. Schweitzer Verlag (Arthur Sellier)

Druck von Dr. F. P. Datterer & Cie., Freising-München.

Vorwort.

Die vorliegenden Lösungen von Aufgaben der bayerischen Assessorprüfung entstammen meiner mehrjährigen Tätigkeit als Leiter von Referendarkursen in München. Was ich schon im Vorwort zu meinen „Zehn Lösungen aus dem Bürgerlichen Recht (BGB. Schuldverhältnisse)" — die in demselben Verlag und in gleicher Ausstattung erschienen sind — über Zweck und Ziel der Herausgabe gesagt habe, gilt auch hier.

Die Lösungen sind nicht der Zeitfolge nach zusammengestellt, sondern so ausgewählt und systematisch geordnet, daß sie, in dieser Reihenfolge nacheinander bearbeitet, einen Einblick in den ganzen Verlauf des Strafprozesses vom staatsanwaltschaftlichen Ermittelungsverfahren an bis zur Wiederaufnahme des Verfahrens vermitteln sollen. Die Auswahl erfolgte auch noch unter dem Gesichtspunkte, möglichst praktische Fälle darzustellen und Beispiele der in der Praxis häufig vorkommenden Entscheidungen (Anklageschrift, Beschlüsse, Urteile) usw. zu geben.

Unter den von der Bayerischen Staatsprüfungskommission vor dem Jahre 1925 gestellten Aufgaben befindet sich eine Reihe solcher, die auch jetzt noch sehr lehrreich sind, aber das derzeit geltende Recht („Emminger-Novelle"!) naturgemäß nicht berücksichtigen konnten und daher in Kursen vielfach übergangen werden. Um auch solche Aufgaben heute noch nutzbar zu machen, sind oft nur verhältnismäßig geringfügige Änderungen im Texte erforderlich. Wo es sich bei den hier vorliegenden Lösungen um derartige Aufgaben handelt, habe ich die notwendigen Textänderungen jeweils am Anfange der Lösung in einer Fußnote angegeben.

Nicht genug kann ich den jungen Kollegen immer wieder einschärfen: Um Gewinn und Erfolg von der Durcharbeitung der Aufgaben zu haben, genügt es nicht, den Text der Aufgabe mehr oder minder genau durchzulesen, sich einzelne flüchtige Bleistiftnotizen zu machen und sich dann gleich auf die Lösung zu stürzen, um zu sehen, was man etwa getroffen hat — das wäre ein schwerer Fehler und würde sich in der Staatsprüfung bitter rächen! —; es ist vielmehr unbedingt notwendig, daß zunächst die ganze Aufgabe nach allen Richtungen durchgedacht und ein eingehend ausgearbeiteter, vollständiger Lösungsversuch niedergeschrieben wird; erst wenn man sich seiner Ideen und Ansichten durch schriftliche Fixierung „entäußert" hat, kommt man hinter die Schwierigkeiten und gewinnt man den Maßstab seines Könnens. Gelingt der Lösungsversuch nicht in der für die Staatsprüfung selbst vorgeschriebenen — sehr knapp bemessenen! — Zeit, so lasse man sich beileibe nicht dadurch kopfscheu machen; unter dem Drucke des Examens kommt der nötige „Schwung" schon von selbst! Und damit zum Schlusse: Alles Gute für Prüfung und Praxis!

Der Text der „Aufgaben" ist einem gesonderten Heftchen beigegeben, um die Benützung zu erleichtern.

Leipzig, im Februar 1931.

F. Gerlach.

Inhaltsverzeichnis.

*) Textänderungen! Siehe Vorwort!

Abkürzungen.

Löwe	=	Löwe-Rosenberg, Kommentar zur StPO., 18. Aufl.
LK.	=	Ebermayer-Lobe-Rosenberg, StGB., 4. Aufl.
RGSt.	=	Entscheidungen des Reichsgerichts in Strafsachen, Amtliche Sammlung
A.	=	Anmerkung

Staatsprüfung 1921 Juni, I. 10.

I. Der Beschluß des Landgerichts Mosheim.

Er gründet sich auf § 15 StPO. Das Landgericht Mosheim ist zur Erlassung örtlich zuständig, wenn — was in der Aufgabe nicht ausdrücklich gesagt, aber zu unterstellen ist, — das Amtsgericht Dornstein zum Bezirke des LG. Mosheim gehört. Unter dem gleichstehenden Gericht „eines anderen Bezirks" im Sinne des § 15 ist nur ein Gericht des Bezirks des gemeinschaftlichen oberen Gerichtes zu verstehen (Löwe § 15 A. 7); es ist anzunehmen, daß auch das AG. Holdberg zum Bezirke des LG. Mosheim gehört. Unter „einzelner Fall" im Sinne des § 15 StPO. ist nicht nur eine bestimmte Prozeßsache als Ganzes, sondern auch eine bestimmte einzelne Prozeßhandlung zu verstehen (Löwe § 15 A. 2a). Zu den richterlichen Prozeßhandlungen gehört die Anordnung von Beschlagnahmen und Durchsuchungen (§§ 94, 98, 100, 102, 105 StPO.), und zwar ist hierfür im staatsanwaltschaftlichen Ermittelungsverfahren (§§ 160 u. ff. StPO.) der Amtsrichter des Bezirks zuständig, in dem die Handlung vorgenommen werden soll (§ 162 StPO.).

Ob einer der Gründe des § 15 vorliegt, entscheidet das obere Gericht nach seinem freien, selbstverständlich pflichtmäßigen Ermessen (Löwe § 15 A. 4).

Der Beschluß vom 19. Mai 1920 kann sich nur auf die Annahme gegründet haben, daß das AG. Dornstein an der Ausübung des Richteramtes tatsächlich verhindert sei, daß also OAR. Schlehwein mit Recht den Antrag des Staatsanwalts abgelehnt habe. Letzteres war aber nicht zutreffend: Die beantragte Beschlagnahme unterlag der Prüfung des Amtsrichters lediglich hinsichtlich ihrer gesetzlichen Zulässigkeit und ihrer sachlichen Notwendigkeit und Angemessenheit (Löwe § 162 A. 11 u. 11a). Hier aber hat OAR. Schlehwein ein Tätigwerden als „untunlich" wegen seiner Person, nämlich wegen der gegen ihn früher von der Beschuldigten geführten Beschwerden abgelehnt, offenbar nur, um neuen

Ablehnungsgesuchen oder Dienstbeschwerden seitens der Neidhuber auszuweichen. Es lag aber kein sachlicher Grund für die Ablehnung des staatsanwaltschaftlichen Antrags vor. Wenn OAR. Schlehwein selbst glaubte, daß Umstände vorlägen, die seine Ablehnung durch die Neidhuber rechtfertigen könnten, so war er berechtigt und verpflichtet, hiervon Anzeige zu machen (§ 30 StPO.), und zwar bei dem übergeordneten LG. (§ 30 mit § 27 Abs. 3), dagegen hat er, solange kein ausdrückliches und förmliches Ablehnungsgesuch vorliegt, nicht das Recht, sich selbst durch eigene Entscheidung als abgelehnt zu erachten (Löwe § 30 A. 3). Eine solche Anzeige hätte aber das LG. nicht zu der Entscheidung veranlassen können, daß OAR. Schlehwein wegen Befangenheit auszuscheiden habe; denn sachliche Gründe, nämlich Tatsachen, die vom Standpunkte des Ablehnenden vernünftigerweise geeignet sind, den Verdacht der Befangenheit zu begründen (Löwe § 24 A. 3a), lagen nicht vor, solche sind insbesondere nicht in den von OAR. Schlehwein über die Einstellung der Neidhuber zu seiner Person angegebenen Tatsachen zu finden.

Aber auch wenn Besorgnis der Befangenheit begründet gewesen wäre, hätte der OAR. dem Antrag des Staatsanwalts auf Grund des § 29 StPO. entsprechen sollen, da die Durchsuchung und Beschlagnahme hier, wenn überhaupt das Ermittelungsverfahren einen Erfolg versprechen sollte, sofort und überraschend erfolgen mußte, also keinen Aufschub gestattete.

Hiernach war der Beschluß des LG. vom 19. Mai 1920 nicht richtig. Er ging übrigens auch, wenigstens rein äußerlich betrachtet, insofern über das Ziel hinaus, als er dem AG. Holdberg auch „etwaige weitere richterliche Untersuchungshandlungen in dieser Sache" übertrug; denn auf jeden Fall fiel die Verhinderung des AG. Dornstein mit der Rückkehr des AR. Schlegler aus Urlaub weg. Der Beschluß hätte also schon zur Vermeidung von Zweifeln ausdrücklich diese Zeitgrenze festlegen sollen. Aus der Natur der Sache aber und dem ganzen Anlaß ergibt sich, daß der Beschluß die Zuständigkeit des AG. Holdberg nur für die Dauer des Urlaubs des AR. Schlegler bestimmen konnte und wollte.

II. Die Anträge der Neidhuber.

Wie diese sich selbst bezeichnen, ob als Beschwerde oder als „Gegenvorstellung" — welch letztere die StPO. nicht kennt, — ist unerheblich (§ 300 StPO.).

a) Die Erklärung der Neidhuber richtet sich zunächst gegen den Beschluß des LG. Mosheim und ist insoweit sachlich als Beschwerde (§§ 304ff.) zu beurteilen. Eine Beschwerde kann gemäß § 306 Abs. 1 StPO. nur bei dem Gericht, dessen Entscheidung angefochten wird, (hier also Landgericht Mosheim) oder dem Beschwerdegericht eingelegt werden; es war daher der Urkundsbeamte des AG. Dornstein zur Entgegennahme der Protokollarerklärung nicht zuständig. Da aber das Protokoll von der Neidhuber unterzeichnet ist, stellt es von selbst eine schriftliche Erklärung dar (Löwe, Vorbem. zum 1. Buche, A. 9b — S. 66 —), welche formgerecht eingelegt ist mit ihrem Einlauf beim LG. Mosheim am 31. Mai 1920. Ein Fall der sofortigen Beschwerde (§ 311) liegt nicht vor, da diese nur dort Platz greift, wo die StPO. die Beschwerde ausdrücklich als „sofortige" bezeichnet. Es kann sich also nur um eine einfache Beschwerde handeln, die an keine Frist gebunden ist.

Zu prüfen ist, ob die Beschwerde zulässig ist. Nach der Fassung des § 304 ist eine vom „oberen Gericht" gemäß § 15 StPO. erlassene Entscheidung weder als ein „vom Gericht erster Instanz" noch als ein „in der Berufungsinstanz" erlassener Beschluß anzusehen; es findet also gegen diese Entscheidung ein Rechtsmittel überhaupt nicht statt (Löwe, Vorbem. vor § 7 A. 4d), die Beschwerde ist daher unzulässig. Das obere Gericht kann aber seine Entscheidung selbst aufheben oder abändern, wenn es eine genügende Veranlassung hierzu findet; eine solche kann auch in einer begründeten Gegenerklärung eines durch die Entscheidung Betroffenen gefunden werden (Löwe, Vorbem. vor § 7 A. 4d).

Das LG. Mosheim wird daher, wenn es von der Rückkehr des AR. Schlegler Kenntnis erhält, seinen Beschluß als durch neue Tatsachen gegenstandslos geworden aufheben. Eine solche Aufhebung hat selbstverständlich keine rückwirkende Kraft und beseitigt nicht die bis dahin vorhanden gewesene Zuständigkeit des AG. Holdberg.

Was das Beschwerdevorbringen im einzelnen anlangt, so ist der angefochtene Beschluß durchaus zulässig, aber, wie unter I. schon dargelegt, sachlich nicht gerechtfertigt gewesen. Der Staatsanwalt hätte keineswegs, bevor er seinen Antrag bei der Strafkammer Mosheim stellte, gegen den ablehnenden Beschluß des OAR. Schlehwein Beschwerde einlegen müssen. Denn darüber hätte dasselbe Gericht zu entscheiden gehabt, das für die Entscheidung nach § 15 zuständig war; dieses Gericht aber hat im Beschlusse vom 19. Mai von selbst ausgesprochen, daß OAR. Schlehwein mit der Ablehnung des Ersuchens Recht hatte, denn die Feststellung dieser Berechtigung bildete gerade die Vorfrage für die Entscheidung nach § 15.

Wollte das LG. Mosheim auf seinem Beschlusse beharren, so müßte es die Beschwerde der Neidhuber, obwohl sie unzulässig ist, gleichwohl dem nächst höheren Gerichte — in Bayern dem Obersten Landesgerichte (§ 9 EG. zum GVG., Art. 41 AG. zum GVG.) — zur Entscheidung vorlegen (Löwe § 306 A. 6, § 311 A. 5).

b) Die Beschwerde gegen den Beschluß des AG. Holdberg ist als schriftliche Beschwerde mit ihrem Einlauf beim LG. Mosheim am 31. Mai 1920 ebenfalls rechtsförmlich angebracht (vgl. oben bei a!). Da es sich sowohl hinsichtlich der Beschlagnahme wie auch des Termins um einen dringenden Fall handelt, ist die Einlegung beim Beschwerdegericht nicht zu beanstanden. Übrigens hätte der Umstand, daß das Beschwerdegericht die Dringlichkeit nicht anerkennen sollte, nicht den Verlust des Rechtsmittels zur Folge (Löwe § 306 A. 2b). Auch hier handelt es sich um eine fristlose einfache Beschwerde. Ihre Zulässigkeit ist im Hinblick auf § 304 StPO. nicht zu bezweifeln.

Der Beschluß auf Durchsuchung der Wohnung der Neidhuber ist sachlich zu Recht ergangen, weil die Neidhuber nach den bereits vorliegenden Erhebungen, insbesondere dem Gutachten des Findig, tatsächlich verdächtig ist, die Urheberin der beleidigenden anonymen Briefe zu sein (§ 102 StPO.); auch ist bereits der erforderliche Strafantrag rechtsförmlich von dem Verletzten Heß gestellt (§ 158 StPO.). Daß es sich vielleicht nur um ein Antragsdelikt handelt, das auch im Wege der

Privatklage verfolgt werden kann (§ 374 StPO.), steht nicht entgegen, da auch in diesen Fällen die Staatsanwaltschaft jederzeit, sobald nur der Strafantrag vorliegt, nach ihrem Ermessen die öffentliche Klage erheben (§§ 376, 377 Abs. 1 und 3 StPO.) und zu diesem Zweck ein Ermittelungsverfahren einleiten kann (§ 160 StPO.).

Zu beanstanden ist lediglich, daß das AG. Weisung gab, alle Beweisstücke sofort dem Sachverständigen zur Prüfung zu übergeben; denn soweit es sich um „Papiere", d. h. alle Arten von Schriftstücken im weitesten Sinne, handelt, steht deren Durchsicht nach der zwingenden Vorschrift des § 110 Abs. 1 StPO. nur dem Richter zu. Dieser kann sich dabei selbstverständlich der Hilfe von Sachverständigen und Dolmetschern bedienen (Löwe § 110 A. 3), allein er hat zunächst selbst zu prüfen, welche von den Papieren er diesen seinen Gehilfen zugänglich machen will und darf. Die Nichtbeachtung dieser Vorschrift war aber hier ohne Folgen, weil „Papiere" im Sinne des § 110 Abs. 1 bei der Neidhuber überhaupt nicht gefunden worden sind.

Was das Beschwerdevorbringen im einzelnen betrifft, so ist der Hinweis der Neidhuber, daß sie dem ordentlichen Richter entzogen werde, unbegründet; denn das AG. Holdberg war unanfechtbar mit den Untersuchungshandlungen auf Grund des § 15 beauftragt und damit für diese zuständig geworden; ihm selbst stand eine Nachprüfung der Gründe des landgerichtlichen Beschlusses nicht zu, es war an diesen gebunden (Löwe § 15 A. 4). Unrichtig ist das Vorbringen, daß bei der Durchführung der Beschlagnahme die gesetzliche Form nicht gewahrt worden sei. Die Neidhuber meint damit offenbar die Vorschrift des § 105 Abs. 2. Der von Stramm zugezogene städtische Hilfswachtmeister ist aber ein Gemeindebeamter im Sinne dieser Bestimmung, die Vorschrift des 2. Satzes in Abs. 2 bezieht sich nur auf die Gemeinde*mitglieder*, nicht auf den Gemeindebeamten (Löwe § 105 A. 11). Diese ganze Vorschrift ist übrigens nur instruktionell (Löwe § 105 A. 8).

Der Antrag auf Aufhebung der Beschlagnahme ist somit ungerechtfertigt und die Beschwerde gegen deren Anordnung als unbegründet zu verwerfen.

Der Antrag auf Rückgängigmachung der Terminsanberaumung ist offenbar nicht aus sachlichen Gründen (z. B. Verhinderung am Erscheinen) gestellt, sondern auch nur auf das sonstige bereits gewürdigte Beschwerdevorbringen gestützt. Er erweist sich damit gleichfalls als ungerechtfertigt und ist an sich zurückzuweisen; jedoch wird das AG. Holdberg aus einem anderen Grunde den Termin aufheben, nämlich wenn es von der Rückkehr des Amtsrichters Schlegler aus Urlaub erfährt, denn dann ist seine Zuständigkeit beendet.

III. Die Beschwerde des Braun.

a) Braun hatte zunächst, als er von der Beschlagnahme seiner Papiere erfuhr, keinen Widerspruch dagegen erhoben. In einem solchen Fall braucht der Beamte, der die vorläufige Beschlagnahme vorgenommen hat, deren richterliche Bestätigung nicht nachzusuchen (§ 98 Abs. 2 Satz 1 in Verb. mit § 94, Löwe § 98 A. 1a). Die Bestimmung in Satz 2 des § 98 Abs. 2, nämlich daß der Betroffene jederzeit die richterliche Entscheidung nachsuchen kann, ist (vgl. Löwe § 98 A. 1a) auch dann anwendbar, wenn der Betroffene seine Zustimmung zur Wegnahme, sei es von Anfang an oder im weiteren Verlaufe, erteilt oder wenigstens keine Einwendung dagegen erhoben hatte. Braun war also auch später noch trotz seines vorherigen Einverständnisses berechtigt, den Antrag auf Herausgabe seiner Aufzeichnungen zu stellen; die gegenteilige Begründung des amtsgerichtlichen Beschlusses ist unzutreffend.

b) Der Beschluß selbst war sachlich nicht richtig: Zwar können auch die Aufzeichnungen des Braun, da sie auf demselben Papier wie die anonymen Briefe geschrieben sind, als Beweismittel für die Untersuchung von Bedeutung sein (§ 94 Abs. 1) und unterliegen daher der Beschlagnahme (§ 94 Abs. 2, § 98 Abs. 1 und 2); aber auch für sie gilt in ihrer Eigenschaft als „Papiere" die zwingende Vorschrift des § 110 Abs. 1: Der Amtsrichter hätte also, statt die Beschlagnahme ungesehen zu bestätigen, diese Papiere vorher erst durchsehen und prüfen müssen, ob sie und allenfalls welche von ihnen in der Tat als Beweismittel von Bedeutung sein könnten.

c) Die von Braun erhobene Beschwerde ist gemäß § 304 Abs. 1 StPO. zulässig (einfache fristlose Beschwerde), sie ist formgerecht beim zuständigen Urkundsbeamten zu Protokoll erklärt (§ 306 Abs. 1), Braun ist auch als „Betroffener" sachlich dazu legitimiert (§ 304 Abs. 2).

d) Was sein Beschwerdevorbringen im einzelnen betrifft, so ist der Einwand der Unzuständigkeit des AG. Dornstein unbegründet: Mit der Rückkehr des AR. Schlegler ist die tatsächliche Behinderung des AG. Dornstein weggefallen und es wollte, wie bereits dargelegt, der landgerichtliche Beschluß vom 19. Mai auch ohne ausdrückliche zeitliche Beschränkung sich Geltung nur bis zur Behebung der tatsächlichen Verhinderung beilegen.

Richtig dagegen ist das Vorbringen des Braun, daß die Durchsuchung seiner Wohnung ungesetzlich gewesen sei: Der Begriff der Wohnung im Sinne des § 102 und 104 ist derselbe wie im materiellen Strafrecht bei § 123 StGB.: Wenn hiernach die Wohnung des Untermieters — zu denen auch der Zwangsmieter gehört — seine Wohnung ist, auch gegenüber dem Hausherrn (vgl. Löwe § 102 A. 3, § 104 A. 1c), so waren die Polizeibeamten nicht berechtigt, das nicht zur Wohnung der verdächtigen Neidhuber gehörige Zimmer des Braun zu betreten, da gegen Braun ein Verdacht im Sinne des § 102 nicht bestand; zudem hat nach dem Tatbestand offenbar Stramm allein ohne Zuziehung des Hilfswachtmeisters das Zimmer des Braun durchsucht, also auch gegen die Vorschrift des § 105 Abs. 2 Satz 1 verstoßen. Die Voraussetzungen des § 103 Abs. 1 waren gleichfalls nicht gegeben. Die Unzulässigkeit der Durchsuchung steht aber der Zulässigkeit der Beschlagnahme von Beweismitteln nach § 94 nicht entgegen, für Gegenstände im Sinne des § 94 ist es gleichgültig, wo und wie sie gefunden werden.

e) Obwohl der Beschluß des AG. Dornstein, wie unter b) dargelegt, nicht richtig war, kann ihn das Beschwerdegericht zur Zeit noch nicht aufheben, da es mit einer solchen endgültigen Entscheidung der vom Amtsgericht nach § 110 Abs. 1 StPO. noch vorzunehmenden Durchsicht der Papiere vorgreifen würde. Das LG. wird also zunächst nur Zwischenbeschluß dahin erlassen, daß es das AG. Dornstein anweist, die noch in den Händen des Sachverständigen befindlichen Papiere des Braun durchzusehen und auf Grund der Prüfung dann auszusprechen, ob und inwieweit die Beschlagnahme auf Grund der Voraussetzungen des § 94 aufrecht zu erhalten oder aufzuheben sei; denn auch das Amtsgericht selbst ist zur Aufhebung und Abänderung seiner durch die Beschwerde angefochtenen Entscheidung jederzeit befugt (arg. ex contr. aus § 311 Abs. 3 StPO.).

Staatsprüfung 1923 November, I. 8.[1])

I.

Anz.Verz. 3756/28. Augsburg, den 10. August 1928.

An das

Amtsgericht Augsburg.

Anklageschrift.

des Staatsanwalts bei dem LG. Augsburg.

I. Leimer, Franz, geb. am 23. März 1872 in Augsburg, verw. Kaufmann in Augsburg, Schmiedgasse 97/III, einschlägig nicht bestraft,

II. Mengler, Karl, geb. am 19. Mai 1894 in Erding, led. Kaufmann in Augsburg, Lechhauserstr. 89/I, einschlägig nicht bestraft,

erscheinen hinreichend verdächtig,

I. Leimer fremde bewegliche Sachen, die er in Besitz oder Gewahrsam hatte, sich rechtswidrig zugeeignet,

II. Mengler eine fremde bewegliche Sache, die er in Besitz oder Gewahrsam hatte und die ihm anvertraut war, sich rechtswidrig zugeeignet und durch dieselbe Handlung als Bevollmächtigter, um sich einen Vermögensvorteil zu verschaffen, über ein Vermögensstück des Auftraggebers absichtlich zum Nachteil desselben verfügt,

III. Leimer durch weitere selbständige Handlungen

a) den Mengler zu den von diesem begangenen, unter II. bezeichneten strafbaren Handlungen durch Versprechen oder andere Mittel vorsätzlich bestimmt,

b) einem zur Vollstreckung von Gesetzen oder Befehlen und Anordnungen von Verwaltungsbehörden berufenen Beamten in der rechtmäßigen Ausübung seines Amtes durch Gewalt Widerstand geleistet zu haben.

---

[1]) Alle Daten der Aufgabe sind auf das Jahr 1928 zu verlegen! — Die Papiermarkbeträge sind der Einfachheit halber beibehalten.

Zu I.

Leimer erhielt am 1. August 1928 in Augsburg bei der dortigen Filiale der Frankfurter Kreditbank auf einen Scheck über 2000000 Mark irrtümlich einen Betrag von 20000000 Mark ausbezahlt, indem der Kassierer Albert Schnell von den zurechtgelegten Banknotenbündeln statt, wie er meinte, 20 Bündel zu je 100 Tausendmarkscheinen, versehentlich ihm 20 Bündel zu je 100 Zehntausendmarkscheinen übergab. Als Schnell nach Kassenschluß den Fehlbetrag von 18000000 Mark entdeckte und zusammen mit dem Leiter der Bankfiliale, Direktor Walter Semmler, die gemeinsam berechtigt sind, die Firma zu vertreten, sofort den Leimer hiervon in Kenntnis setzte und zur Rückgabe der zuviel bezahlten 18000000 Mark aufforderte, also beide hierdurch die Übergabe der 20000000 Mark wegen Irrtums anfochten mit der Wirkung, daß das Eigentum daran an die Bank zurückfiel, bestritt Leimer, zuviel erhalten zu haben, sonderte dann, als er sich durch Nachschau überzeugt hatte, daß er in der Tat 20000000 Mark erhalten hatte, 18 der Bündel aus und versteckte sie in seiner Wohnung, während er den Rest in seine Geschäftskasse legte.

Zu IIIb:

Am Abend des 4. August 1928 durchsuchte der Kriminaloberwachtmeister Webbs, dem die Ermittlung des Sachverhalts von seiner Behörde aufgetragen war, mit dem von ihm zugezogenen Kriminalwachtmeister Fänger den Geschäftsraum des Leimer in Augsburg, am oberen Lech Nr. 75/I, nach den Notenbündeln der Frankfurter Kreditbank; als Fänger diese unter der Diele des Fußbodens versteckt gefunden hatte und Webbs gerade damit beschäftigt war, die Scheine zwecks Feststellung, ob es sich um das Geld der Frankfurter Kreditbank handele, nachzuzählen, entriß Leimer, wegen der Entdeckung der Scheine in Wut geraten, plötzlich dem Webbs, ohne daß er es hindern konnte, eines der Bündel aus der Hand und zerriß es in zahllose kleine Fetzen.

Zu II und IIIa:

Am 3. August 1928 wurde dem Postamt „Am alten Einlaß" in Augsburg von dem Privatier Johann Gläubig eine Postanweisung über 673420 Mark von dem Beschuldigten Karl Mengler gleichzeitig eine solche über 324670 Mark zur Auszahlung vorgelegt. Da der Schalterbeamte nur noch Einmillionenscheine hatte, erklärte sich Gläubig auf Vorschlag des ihm unbekannten Mengler damit einverstanden, daß letzterer nach Einzahlung von 1910 Mark einen Einmillionenschein für beide sich auszahlen ließ und diesen dann mit Gläubig teilen sollte. Mengler beabsichtigte den Schein bei dem Beschuldigten Leimer umzuwechseln, begab sich sofort in dessen Geschäftszimmer und hieß den Gläubig einstweilen vor dem Hauseingang warten. Leimer riet jedoch dem Mengler, er solle den Gläubig um das Geld prellen, den Schein ihm — Leimer — übergeben und durch den hinteren Ausgang des Anwesens sich heimlich entfernen; er — Leimer — werde dann den Gläubig schon richtig eingehen lassen. Mengler ließ sich überreden, übergab den Schein dem Leimer zwecks späterer Teilung des Geldes zwischen beiden und entfernte sich heimlich; als Gläubig nach längerem Warten endlich bei Leimer nach Mengler fragte, erklärte ihm Leimer lachend, er sei hereingefallen, der Gesuchte sei sicher über alle Berge.

Ergebnis der Ermittlungen:

Die Beschuldigten sind geständig. Daß Mengler zunächst ehrliche Absichten hatte und erst auf Anraten des Leimer den Entschluß faßte, den Einmillionenschein für sich selbst zu verwerten, ist ihm nicht zu widerlegen. Auch dem Leimer ist nicht zu widerlegen, daß er in dem Augenblick, als die 18000000 Mark von ihm zurückverlangt wurden, noch nicht wußte, daß er zuviel von der Bank erhalten hatte.

Diese Handlungen sind zu verfolgen:

gegen Leimer als ein Vergehen der Unterschlagung, als ein Vergehen der Anstiftung zu einem mit einem Vergehen der erschwerten Unterschlagung in Tateinheit stehenden Vergehen der erschwerten Untreue und als ein Vergehen des Widerstands, sämtliche drei Vergehen unter sich sachlich zusammentreffend, nach §§ 246, 266 Abs. 1 Ziff. 2 und Abs. 2, §§ 73, 48, § 113, § 74 StGB., gegen **Mengler** als ein Vergehen der erschwerten Unterschlagung in Tateinheit mit einem Vergehen der erschwerten Untreue nach §§ 246, 266 Abs. 1 Ziff. 2 und Abs. 2, § 73 StGB.

Zur Aburteilung ist gemäß §§ 7, 8 und 3 StPO., § 24 Ziff. 2 GVG. das Amtsgericht Augsburg zuständig.

Gemäß §§ 199, 203 StPO., § 25 Ziff. 2c GVG. erhebe ich die öffentliche Klage, beantrage die Eröffnung des Hauptverfahrens vor dem AG. Augsburg gegen Leimer und Mengler wegen der oben bezeichneten Straftaten, die Aburteilung durch den Amtsrichter ohne Zuziehung von Schöffen und die Bestimmung eines Termins zur Hauptverhandlung.

Als Beweismittel bezeichne ich:

a) Urkunden:
   2 Straflisten,

b) Zeugen:
   1. Schnell Albert, Prokurist (Adresse),
   2. Gläubig, Johann, Privatier (Adresse).

gez. Eilmeier,
2. Staatsanwalt.

II.

Gesonderte Erläuterung.

A) Prozessual:

Die Sache ist tatsächlich und rechtlich hinreichend geklärt, also anklagereif; Voruntersuchung ist daher nicht erforderlich (§ 170 StPO.), und auch nicht notwendig (§ 178 StPO.). Ob das Hauptverfahren vor dem Amtsrichter oder dem Schöffengerichte eröffnet werden soll, hat bei den hier in Frage stehenden Vergehen der Staatsanwalt in der Wahl (§§ 25, 28 GVG.). Antrag auf Zuziehung eines zweiten Amtsrichters (§ 29 Abs. 2 GVG.) ist bei dem geringen Umfang der Sache nicht geboten. An sich wäre auch Antrag auf Erlassung je eines Strafbefehls zulässig (§§ 407ff. StPO.), jedoch wird der

Staatsanwalt mindestens gegen Leimer Verurteilung zu mehr als 3 Monaten Gefängnis anstreben müssen.

B) Materiellrechtlich.

Zu I der Anklageschrift: Leimer wurde zunächst kraft Übergabe und Einigung gemäß § 929 BGB. Eigentümer der 20000000 Mark. Da aber Schnell im Irrtum über den Inhalt seiner Erklärung befangen war, unterlag das dingliche Rechtsgeschäft der Eigentumsübertragung der Anfechtung aus § 119 BGB.; diese ist auch unverzüglich (§ 121 BGB.) durch die zur Vertretung der Firma gemeinsam berufenen Schnell und Semmler erfolgt, sie ist in der bestimmten Aufforderung zu der Herausgabe der 18000000 Mark ausreichend zu finden und auch von Leimer richtig aufgefaßt worden. Die wirksame Anfechtung bewirkt Nichtigkeit mit rückwirkender Kraft (§ 142 BGB.), die 20 Banknotenbündel sind also nun nach wie vor Eigentum der Bank und damit für Leimer fremde bewegliche Sachen, an denen er nur noch Gewahrsam hatte. Daß Leimer sich dessen bewußt war, ergibt sich aus seiner Ableugnung und seinen Vorspiegelungen. Da zur Unterschlagung die bestimmte, auf den Erfolg gerichtete Absicht der Zueignung gehört (LK. § 246 A. 7), war die Unterschlagung nicht schon vollendet in dem Augenblick, als Leimer auf die Eröffnung der Bankbeamten mit der Möglichkeit rechnete, zuviel erhalten zu haben — da bis dahin nur ein bedingter Vorsatz möglich ist —, sondern erst in dem Augenblick, als er durch Nachschau sich von dem Besitz der 20000000 Mark überzeugte und durch die Absonderung von 18 Banknotenbündeln eine auch nach außen hin in die Erscheinung tretende, seinen Zueignungswillen verwirklichende Zueignungshandlung vornahm (LK. § 246 A. 2).

Wenn nun Leimer den beiden Bankbeamten auch vorgespiegelt hat, er habe das Geld sofort nachgezählt und für richtig befunden und es sofort zu einer Zahlung an seinen Geschäftsfreund verwendet, so liegt darin gleichwohl kein Betrugsversuch nach §§ 263, 43 StGB., da hierzu die bestimmte, auf den Erfolg gerichtete Absicht der Verschaffung eines rechtswidrigen Vermögensvorteils gehört, für welche ein bloß bedingter Vorsatz nicht ausreicht (LK. § 263 A. 9), und da Leimer im Zeitpunkte seiner Vorspiegelungen, wie schon erörtert, noch gar nicht sicher wußte, ob er tatsächlich zuviel empfangen hatte.

Zu IIIb der Anklageschrift:

Die beiden Kriminalpolizeibeamten sind als Hilfsbeamte der Staatsanwaltschaft (§ 152 GVG.) zur Vollstreckung von Gesetzen berufen (LK. § 113 A. 3), insbesondere auch gemäß §§ 98 und 105 StPO. bei Gefahr im Verzuge wie hier zur selbständigen Durchsuchung und Beschlagnahme befugt; sie handelten daher in rechtmäßiger Ausübung ihres Amtes. Die „Gewalt" im Sinne des § 113 kann — im Gegensatz zu § 249 — auch nur mittelbar gegen die Person gerichtet sein, es genügt, wenn sie von der Person physisch empfunden wird (LK. § 113 A. 7a). Dies war hier der Fall. Da die Zählung der Banknoten der Feststellung diente, ob das vorgefundene Geld das von Leimer unterschlagene sei, also eine Prüfung darüber bezweckte, ob das Geld als Beweismittel zu beschlagnahmen sei, hatte die Diensthandlung schon begonnen, war aber noch nicht vollendet (vgl. LK. § 113 A. 5). Der Widerstand richtete sich auch gegen die Amtshandlung als solche (LK. § 113 A. 9).

Da § 113 gegenüber dem § 114 das besondere und mildere Gesetz ist, also den § 114 kraft Gesetzeskonkurrenz ausschließt (LK. § 114 A. 5a), ist auf § 114 nicht mehr einzugehen.

Die Zerreißung des einen Notenbündels in kleine Fetzen ist nicht eigens als Sachbeschädigung nach § 303 strafbar, da die vorher daran verübte Unterschlagung alle nachfolgenden, dem Eigentümer zustehenden Handlungen zu bloßen Verwertungshandlungen und straflosen Nachtaten macht (vgl. LK. § 242 A. IV, § 303 A. 10). Auch im Verhältnis zu § 274 Abs. 1, dessen Tatbestand an sich gegeben wäre, ist die Vernichtung der vorher unterschlagenen Banknoten nur straflose Nachtat (LK. § 274 A. 9c).

Man könnte in der Vernichtung des Notenbündels auch ein — allenfalls mit dem Widerstand nach § 113 in Tateinheit stehendes — Vergehen nach § 133 erblicken, allerdings nicht in der Form, daß die Hand des Oberwachtmeister Webbs ein „zur amtlichen Aufbewahrung bestimmter Ort" wäre, sondern mit der Konstruktion, daß die Banknoten von Fänger, der sie gefunden und aus der Diele herausgeholt hatte, dem Webbs als einem Beamten „amtlich übergeben" worden seien; allein aus der Tatbestandsdarstellung geht doch hervor, daß in dem Augenblick, als Leimer das eine Bündel an sich riß, die Prüfung und Zählung noch nicht beendet war, Webbs also sich noch gar nicht darüber schlüssig gemacht hatte, ob er die Banknoten amtlich annehmen sollte oder nicht. Hiernach fehlt es schon objektiv am Tatbestande des § 133. Aus dem gleichen Grunde, nämlich weil eine Beschlagnahme noch nicht erfolgt war, liegt ein Vergehen nach § 137 nicht vor.

Zu II der Anklageschrift: Der Postbeamte hatte, wie sein Verhalten ergibt, von der Verabredung zwischen Gläubig und Mengler Kenntnis; wenn er also letzterem den Einmillionenschein übergab, tat er dies mit dem Willen, dem Mengler und Gläubig Miteigentum zu übertragen; Mengler nahm auf Grund der Vereinbarung mit dem gleichen Willen den Schein entgegen, das Ganze entsprach auch dem Willen des Gläubig, der den Mengler mindestens durch schlüssige Handlungen beauftragt und ermächtigt hatte, in diesem Sinne den Schein entgegenzunehmen. Der Schein war also für Mengler als bloßen Miteigentümer eine fremde, der Unterschlagung fähige Sache (LK. Vorbem. zu §§ 242—252, A. II 3c) und ein Vermögensstück des Gläubig. Letzterer hatte den Mengler ermächtigt, den Schein mit Rechtswirkung für ihn anzunehmen und mit Rechtswirkung für ihn wieder umzuwechseln, also zu veräußern; beides war demnach ein, wenn auch nach der tatsächlichen Seite unbedeutender und rasch zu erledigender, so doch nach der rechtlichen Seite zu selbständigem Rechtshandeln ermächtigender Auftrag, also eine Bevollmächtigung. Dessen war sich Mengler auf Grund der Verabredung mit Gläubig auch bewußt. Mit dem Einverständnis, daß Mengler allein sich in das Geschäftszimmer des Leimer begebe, um dort den Schein zu wechseln, hat Gläubig seinen bis dahin allenfalls bestehenden Mitgewahrsam freiwillig aufgegeben. Diebstahl durch Mengler war also mangels Möglichkeit einer Wegnahmehandlung ausgeschlossen (LK. § 242 A. I 2 und 3). Indem Mengler nun auf den Rat des Leimer den Entschluß faßte, den Gläubig von seinen Eigentümerrechten auszuschließen und den ganzen Schein für sich selbst zu verwerten, und indem er in Ausführung dieses Entschlusses den Schein dem Leimer zu Alleinbesitz übergab, eignete er ihn sich zu und verfügte gleichzeitig über ihn zum Nachteil des Gläubig. Damit ist der Tatbestand der Unterschlagung — und zwar in der erschwerten Form der Veruntreuung einer durch Rechtsgeschäft anvertrauten Sache — in Tateinheit mit Untreue gegeben; auch letztere ist erschwert nach Abs. 2 des § 266, da Mengler beabsichtigte, sich selbst einen Vermögensvorteil, nämlich den dem Gläubig zustehenden Wertanteil, zu verschaffen.

Zu IIIa der Anklageschrift: Durch die lockende Vorstellung der vor Entdeckung gesicherten und leichten Durchführbarkeit und durch die Zusage der Mithilfe hat Leimer den Entschluß in Mengler hervorgerufen, ihn also angestiftet (§ 48). Mittäterschaft liegt in der Entgegennahme des Scheines nicht, weil hierzu nach der Rechtsprechung vorheriger gemeinschaftlicher Besitz der Mittäter vorausgesetzt wird (LK. § 246 A. 9); die in der Annahme liegende Beihilfe (vgl. LK. § 246 A. 9 Abs. 2) wird durch die Anstiftung als die schwerere Teilnahmeform aufgezehrt. Daß Leimer schon bei seiner Aufforderung an Mengler vorhatte, ihm nur den Betrag seiner Postanweisung herauszuzahlen, begründet kein Vergehen des Betrugs nach § 263. Zwar ist nach der nunmehrigen Rechtsprechung der Betrug nicht auf das rechtlich geschützte Vermögen beschränkt (LK. § 263 A. 6m); aber der durch Unterschlagung erlangte Geldschein hat überhaupt nicht zum Vermögen des Mengler, auch nicht zu seinem „rechtlich nicht geschützten" Vermögen gehört, die Verfügung darüber konnte sein „Vermögen", den Inbegriff seiner wirtschaftlichen Werte überhaupt nicht beschädigen (vgl. LK. § 263 A. 6a und b).

Die Annahme des Einmillionenscheines durch Leimer ist nicht Sachhehlerei nach § 259, weil die Erlangung der Sache durch die strafbare Handlung des Vortäters zeitlich dem Ansichbringen durch den Hehler vorausgegangen und abgeschlossen sein muß, während hier beides zeitlich und auch inhaltlich zusammenfällt (LK. § 259 A. 2c), sodaß höchstens eine, wie schon oben erörtert, hier nicht eigens strafbare Beihilfe des

Leimer zur Unterschlagung des Mengler in Frage kommen könnte.

Das Verhalten des Leimer gegenüber dem nach Mengler forschenden Gläubig ist nicht Begünstigung nach § 257: Erscheint es schon nach der tatsächlichen Seite zweifelhaft, ob durch die Erklärung: „Da sind Sie hereingefallen, der ist sicher über alle Berge" die Sicherheit des Mengler objektiv erhöht wurde (vgl. LK. § 257 A. I 4), so ist doch auf jeden Fall zu berücksichtigen, daß Mengler durch die Angabe der Wahrheit notwendigerweise auch seine eigene strafbare Beteiligung hätte offenbaren müssen, es würde also höchstens eine mittelbare Selbstbegünstigung in Frage stehen, die nach richtiger Ansicht nicht strafbar ist (LK. § 257 A. I 9).

Staatsprüfung 1923 Mai, I. 10.[1])

Anz. Verz. 25/1928.

Das Amtsgericht Trumhausen

erläßt in der Privatklagesache

Dickkopf Karl, Bauer und Bürgermeister in Ödenweiler, und „Die Gemütlichkeit" e. V. in Ödenweiler,

gegen

Hartensteiner Michael, Gütler in Ödenweiler,

wegen Beleidigung

in der öffentlichen Sitzung vom 31. März 1928 in Gegenwart des OAR. Bösewind,
des Protokollführers ....
auf Grund der Hauptverhandlung vom 30. März 1928 folgendes

Urteil:

I. Hartensteiner Michael, 47 Jahre alt, verheiratet, Gütler in Ödenweiler, wird wegen dreier Vergehen der Beleidigung zu Geldstrafen von 120.— *RM*, 60.— *RM* und 60.— *RM*, ersatzweise zu Gefängnisstrafen von 24, 12 und 12 Tagen, verurteilt.

---

[1]) Um die Aufgabe dem neuen Recht anzupassen, sind folgende Änderungen im Texte der Aufgabe vorzunehmen:

a) Alle Daten sind auf 5 Jahre später zu verlegen,
b) statt „Schöffengericht" ist überall „Amtsgericht" zu setzen, in Aktenstück 5 sind die Schöffen als Beisitzer zu streichen,
c) statt „500 *M*" (Aktenst. 4) und „300 *M*" (Aktenst. 5, Beschluß) lies „50 *RM*" und „30 *RM*",
d) statt § 256 StPO. lies § 257 StPO.,
statt § 264 StPO. lies § 265 StPO.,
statt § 27 GVG. lies § 24 Nr. 2, § 25 Nr. 2a GVG.,
e) der letzte Satz der Aufgabe hat zu lauten: „Die Kostenfrage bleibt außer Betracht."

II. Soweit namens des Vereins „Die Gemütlichkeit“ Privatklage erhoben ist, wird das Verfahren gegen Hartensteiner Michael eingestellt.

III. Dickkopf Karl, Bauer und Bürgermeister in Ödenweiler, wird von der Anklage eines Vergehens der Beleidigung freigesprochen, dagegen wegen eines Vergehens der gefährlichen Körperverletzung zur Geldstrafe von 200.— *RM*, ersatzweise zur Gefängnisstrafe von 10 Tagen, verurteilt; hinsichtlich eines Vergehens der fahrlässigen Körperverletzung wird das Verfahren gegen ihn eingestellt.

IV. Dem Privatkläger Karl Dickkopf wird die Befugnis zugesprochen, die Verurteilung des Hartensteiner Michael unter I binnen einem Monat nach Rechtskraft durch Anschlag an der für öffentliche Bekanntmachungen bestimmten Gemeindetafel in Ödenweiler eine Woche lang auf Kosten des Hartensteiner Michael öffentlich bekanntzumachen.

V. Kosten . . . .

Gründe.

Auf Grund der Beweisaufnahme, insbesondere der glaubhaften Aussagen der Zeugen und des teilweisen Geständnisses der beiden Angeklagten ist folgendes festgestellt:

A) Zur Privatklage.

Der Privatkläger ist Vorstand des Vereins „Die Gemütlichkeit“ in Ödenweiler, der Angeklagte war Mitglied dieses Vereins. Als in einer Mitgliederversammlung am 20. November 1927 der Vorschlag des Privatklägers, bei der kommenden Weihnachtsbescherung besonders die würdigen und fleißigen Kinder der Vereinsmitglieder zu bedenken, erörtert wurde, regte sich der Angeklagte auf, weil er befürchtete, daß dann seine Kinder leer ausgehen würden, geriet mit dem Privatkläger in einen Wortwechsel und erklärte schließlich seinen Austritt, der rechtsförmlich angenommen wurde. Schon früher und seitdem erst recht war der Angeklagte auf den Privatkläger nicht gut zu sprechen. Als er nun am 21. Dezember 1927 in der öffentlichen Gaststube der Wirtschaft „Zum roten Ochsen“ in Ödenweiler, woselbst sich gerade eine größere Zahl anderer

Ortseinwohner als Gäste aufhielten, mit seinen Tischnachbarn in lautem und aufgeregtem Tone sich über die Weihnachtsbescherung des Vereins unterhielt und dabei, wie er selbst als möglich einräumt, auf den gleichfalls als Gast anwesenden Privatkläger stichelte, verbat sich dies letzterer, indem er dem Angeklagten zurief: „Halt jetzt einmal Dein Maul, fängst Du schon wieder das Krakehlen an?"; daraufhin trat der Angeklagte an den Tisch des Privatklägers und schrie: „Von Dir laß ich mir das Maul nicht bieten, von Dir nicht und nicht von Deinem Verein, der abgeschmierten Bande; die kann stolz sein auf ihren Vorstand, den meineidigen Lumpen und Schuften."

Der Eröffnungsbeschluß legt dem Angeklagten in dieser Äußerung zwei sachlich zusammentreffende Vergehen der Beleidigung nach §§ 185, 186, 73, 74 StGB. zur Last, nämlich eines verübt gegen den Privatkläger persönlich und eines gegen den Verein „Die Gemütlichkeit" als solchen. Der erst in der Hauptverhandlung festgestellte Ausdruck „Lump" ist in den Eröffnungsbeschluß nicht aufgenommen, doch steht dies seiner Aburteilung nicht entgegen; denn nach dem inneren Zusammenhang, dem Anlaß und dem ganzen Verlauf ist dieser Ausdruck nur ein unselbständiger Teil der *einen* natürlichen, durch die ganze Äußerung gebildeten Handlungseinheit, es handelt sich um dasselbe Vorkommnis, um dieselbe Tat im Sinne des § 264 Abs. 1 StPO. (vgl. Löwe A. 2). Es unterfällt also auch dieser Ausdruck der Urteilsfindung und es bedurfte insoweit nicht einer „Erweiterung" der Privatklage, wie sie der Rechtsbeistand des Privatklägers in der Hauptverhandlung erklärt hat.

a) Was zunächst die gegen die *Person des Privatklägers* gerichtete Äußerung betrifft, so enthalten die Ausdrücke „Schuft" und „Lump" eine vorsätzliche und rechtswidrige Kundgebung der Mißachtung der Ehre des Privatklägers, also ein Vergehen der Beleidigung nach § 185 StGB. (vgl. LK. A. 2, 3 und 7). Aber auch das Beiwort „meineidig" erfüllt denselben gesetzlichen Tatbestand und stellt sich nicht als die Behauptung oder Verbreitung einer Tatsache nach § 186 StGB. dar; denn nur dann fällt die Behauptung, jemand habe sich strafbar gemacht (z. B. er sei ein Dieb oder ein Meineidiger), unter § 186, wenn sie zu bestimmten einzelnen Vorgängen oder Geschehnissen in äußerlich erkennbarer Weise in Beziehung gebracht ist, während eine nur allgemein gehaltene Meinungsäußerung, ein bloßes, durch Tatsachen nicht belegtes Werturteil ausschließlich nach § 185 zu beurteilen ist (LK. § 186 A. 2). Es ist rechtlich bedeutungslos, daß der Angeklagte mit dem Ausdruck „meineidig" auf einen bestimmten Vorgang abzielte, nämlich auf einen vom Privatkläger in einem Zivilprozeß des Angeklagten gegen den Gemeinderat Zipfelhuber wegen Schadenersatzes geleisteten Zeugeneid, und es ist weiter unerheblich, ob der eine oder andere von den Gästen, welche die Äußerung hörten, wußte und erkannte, daß der Angeklagte auf jenen Zeugeneid anspielte; denn auch so fehlt es an jeder ausdrücklichen oder auch nur angedeuteten Bezugnahme auf jenen Eid, mithin an der Behauptung einer bestimmten Tatsache.

Der Privatkläger ist für seine Person, nämlich in seiner Eigenschaft als Mitglied des Vereins „Die Gemütlichkeit", auch dadurch in seiner Ehre verletzt worden, daß der Angeklagte den ganzen Verein, also alle Mitglieder, als „abgeschmierte Bande" bezeichnet hat. Auch dieser Teil der Äußerung stellt sich, und zwar aus den gleichen rechtlichen Gründen, mangels Bezugnahme auf bestimmte Geschehnisse als ein bloßes Werturteil dar, ist also gleichfalls nur nach § 185 StGB. zu beurteilen.

Somit liegt in der ganzen Äußerung des Angeklagten, soweit sie sich gegen den Privatkläger richtet, objektiv ein Vergehen der Beleidigung nach § 185 StGB., während § 186 StGB. auszuscheiden hat. Es bedurfte hierwegen nicht einer Belehrung des Angeklagten über die Veränderung des rechtlichen Gesichtspunktes nach § 265 StPO., da lediglich eines von mehreren im Eröffnungsbeschluß als in Tateinheit verletzt bezeichneten Strafgesetzen ausscheidet (Löwe § 165 A. 3d).

Der Angeklagte war sich des ehrverletzenden Charakters seiner Äußerung bewußt, er handelte also vorsätzlich. Er handelte auch rechtswidrig, insbesondere befand er sich nicht in wirklicher oder vermeintlicher Ehrennotwehr; denn die vorausgegangene Äußerung des Privatklägers „Halt jetzt einmal Dein Maul" ist, da beide Parteien auf dem Duzfuße stehen und der bäuerlichen Bevölkerung angehören, der eine kräftigere und derbe Ausdrucksweise eigen ist, ferner angesichts des vorausgegangenen Krakehlens und Stichelns des Angeklagten schon objektiv keine Beleidigung gegen den Angeklagten gewesen und auch von diesem nicht als solche empfunden worden. Auch der Schutz des § 193 StGB., dessen Anwendbarkeit das Gericht auch von Amts wegen zu prüfen hat (LK. § 193 A. 4), kommt dem Angeklagten nicht zu. Wenn er auch an sich ein Recht haben mochte, die Aufforderung des Privatklägers mit entschiedenen Worten zurückzuweisen, so ergibt sich jedenfalls aus der Form und den Umständen der Äußerung, nämlich aus der nicht veranlaßten Häufung schwerer Schimpfworte, die der Angeklagte auch bei der ihm eigenen Ausdrucksweise ebensogut vermeiden konnte, die er aber gerade deshalb wählte und vor den zahlreichen Gästen gebrauchte, um den allen bekannten Bürgermeister dadurch besonders schwer zu treffen, die Absicht des Angeklagten, den Privatkläger zu beleidigen (LK. § 193 A. 15 bis 17).

Die Tat ausschließlich nach § 185 StGB. zu beurteilen, ist das Gericht durch die abweichende Auffassung des Eröffnungsbeschlusses nicht gehindert (§ 264 Abs. 2 StPO.). Die Nichtanwendbarkeit des § 186 StGB. hat zur Folge, daß es bei der Feststellung der Schuldfrage keiner Prüfung bedarf, ob der Privatkläger einmal seine Eidespflicht schuldhaft verletzt habe, also ob der Wahrheitsbeweis vom Angeklagten erbracht ist oder auch nur angetreten werden dürfte. Auch für eine Anwendung des § 187 StGB., wie sie der Vertreter des Privatklägers beantragt hat, ist kein Raum, denn diese Gesetzesbestimmung betrifft nur die Behauptung bestimmter, äußerlich erkennbar gemachter Tatsachen.

Der Strafantrag ist vom Privatkläger als dem persönlich Verletzten rechtzeitig (§§ 194, 61 StGB.) und formgerecht (§ 158 Abs. 2 StPO.), nämlich am 28. Dezember 1927 zu Protokoll des Urkundsbeamten der Geschäftsstelle, gestellt worden.

Hiernach war der Angeklagte eines Vergehens der Beleidigung nach § 185 StGB. schuldig zu sprechen.

b) Der Privatkläger hat aber auch „namens und im Auftrag" des Vereins „Die Gemütlichkeit" Strafantrag gestellt, weil der Verein durch die Bezeichnung „abgeschmierte Bande" beleidigt worden sei. Gerichtsbekannt ist, daß dieser Verein in das Vereinsregister eingetragen, also gemäß § 21 BGB. eine juristische Person ist und daß der Privatkläger dessen vertretungsberechtigter Vorstand im Sinne des § 26 Abs. 2 BGB. ist. Die Frage, ob Korporationen und Vereine als solche Gegenstand einer Beleidigung sein können, ist bestritten; sie gehört dem materiellen Strafrecht an und sollte durch § 374 Abs. 3 StPO. nicht entschieden werden (Löwe § 374 A. 6). Nach der Rechtsprechung des RG., dem sich das erkennende Gericht anschließt, können juristische Personen nicht als solche beleidigt werden, sondern nur insofern, als durch die Beleidigung die einzelnen, mit dem Kollektivbegriff bezeichneten physischen Personen betroffen werden (LK. § 185 A. 5); verletzt ist daher nicht der Verein als solcher, sondern jedes einzelne betroffene Mitglied für seine Person. Soweit nun der Privatkläger „namens" des Vereins als dessen Vorstand Strafantrag gestellt hat, konnte er dies als Organ des Vereins selbst tun, nicht aber als Vertreter der einzelnen Mitglieder, da die Gesamtzahl der Mitglieder verschieden ist von der juristischen Person des Vereins. Der Privatkläger behauptet auch nicht, daß ihm die anderen Vereinsmitglieder eine solche Vollmacht erteilt hätten; aus der Fassung „im Auftrag des Vereins", die nur eine herkömmliche Bezeichnung der Vertretungsbefugnis des Vorstands darstellt, ist eine solche Bevollmächtigung nicht zu entnehmen. Da hiernach der vom Privatkläger für den Verein als solchen gestellte Antrag nicht vom Verletzten gestellt ist und die verletzten anderen Mitglieder Strafantrag nicht gestellt haben, auch der Privatklage des Dickkopf nicht beigetreten sind (§ 375 Abs. 1 und 2 StPO.), ist insoweit eine sachlich-rechtliche Entscheidung nicht möglich. Wie schon erörtert, stellt sich die ganze Äußerung des Angeklagten als eine natürliche Handlung dar; sie hat mit dem Privatkläger zugleich auch die übrigen Vereinsmitglieder verletzt. Es handelt sich also zwar — im Gegensatz zur Annahme des Eröffnungsbeschlusses, an den aber das erkennende Gericht nicht gebunden ist (§ 264 Abs. 2 StPO.), — rechtlich um mehrere — in gleichartiger Idealkonkurrenz stehende — Gesetzesverletzungen, aber tatsächlich doch immer nur um eine Handlung. Dieser Umstand würde in einem auf öffentliche Klage eingeleiteten Strafverfahren einen urteilsmäßigen Ausspruch — sei es auf Einstellung oder auf Freisprechung — neben der in Ziffer I der Urteilsformel bereits ausgesprochenen Verurteilung rechtlich unmöglich machen, denn es kann nicht über eine einheitliche Tat nach verschiedenen rechtlichen Gesichtspunkten verschieden erkannt werden (Löwe § 260 A. 7). Dieser allgemeine Grundsatz muß aber im Privatklageverfahren eine Ausnahme erleiden, denn hier wird nicht über nur einen Strafanspruch — nämlich des Staates — entschieden, sondern es können dem Angeklagten als dem Objekt der Strafverfolgung hier mehrere Subjekte des Strafanspruchs, nämlich mehrere Privatkläger, gegenüberstehen und es kann daher möglich oder sogar notwendig sein, daß für einen der mehreren Privatkläger der Strafanspruch bejaht, für einen anderen derselben — sei es aus sachlich-rechtlichen oder aus prozessualen Gründen — verneint wird; auch im Kostenpunkte kann eine verschiedene Entscheidung hinsichtlich der mehreren Privatkläger notwendig werden. Aus diesem Grunde war hier ausdrücklich auf Einstellung des Verfahrens insoweit zu erkennen, als namens des eingetragenen Vereins als solchen Privatklage erhoben worden ist.

B) Zur Erweiterung der Privatklage.

Wie weiter tatsächlich festzustellen ist, hat der Angeklagte in der Hauptverhandlung am 30. März 1928 beim Verhör des Privatklägers zur Widerklage plötzlich dazwischengerufen: „Der meineidige Lump leugnet alles.“ Auf die Aufforderung des Richters, sich hierwegen zu entschuldigen, hat der Angeklagte erklärt: „Der ist und bleibt ein meineidiger Tropf.“

Diese beiden Äußerungen stellen sich als vorsätzliche und rechtswidrige Kundgebungen der Mißachtung der Ehre des Privatklägers nach § 185 StGB. dar, und zwar aus denselben Gründen, wie oben zu A a). Sie stehen in Tatmehrheit nach § 74 StGB. Ein fortgesetztes Vergehen liegt nicht vor, weil der Angeklagte nicht schon von vornherein die Vorstellung und den Willen hatte, es bei der ersten Äußerung nicht bewenden zu lassen, sondern sie immer wieder zu wiederholen und zu bekräftigen. Nach der Überzeugung des Gerichts hat der Angeklagte trotz der Gleichartigkeit der gebrauchten Worte und ihrer kurzen Aufeinanderfolge den Entschluß zur zweiten Äußerung neu und selbständig erst dann gefaßt, als der Richter ihn nochmals zu einer Erklärung aufgefordert hatte.

Zu der unter A a) erörterten Beleidigung stehen diese beiden Vergehen gleichfalls in Tatmehrheit nach § 74 StGB.

Ein Beschluß über die Eröffnung des Hauptverfahrens liegt bezüglich dieser beiden Vergehen nicht vor, der Privatkläger hat vielmehr erst im Laufe der Hauptverhandlung ihre Einbeziehung in die Verhandlung und Entscheidung beantragt. Ein solcher Antrag ist gemäß §§ 384 Abs. 1, 385 Abs. 1, 266 StPO. zulässig, da der Privatkläger die Rechte der Staatsanwaltschaft hat (vgl. auch Löwe § 385 A. 1). Allerdings bedarf es zur Aburteilung auch einer unzweideutigen Zustimmung des Angeklagten (Löwe § 266 A. 7a); eine solche ist aber darin, daß weder der Angeklagte noch sein Verteidiger widersprochen haben, ferner darin, daß der Verteidiger in seinem Schlußantrag, wenn auch nur vorsorglich, zu jenem Antrag des Privatklägers sachlich (Verurteilung wegen eines fortgesetzten Vergehens und Straffreiheit) Stellung genommen und der Angeklagte sich dem ausdrücklich angeschlossen hat, ausreichend zum Ausdruck gekommen. Das rechtliche Gehör des Angeklagten ist also nicht verkürzt, es bestand kein Anlaß, hierwegen im Verkündungstermine die Verhandlung nochmals aufzunehmen.

Strafantrag ist wegen dieser beiden Beleidigungen ordnungsgemäß gestellt. An der Befugnis des Rechtsbeistandes des Privatklägers zur Stellung des Antrages ist nicht zu zweifeln (vgl. LK. § 61 A. 10b), zumal auch der Privatkläger selbst in seinem Schlußwort seine vorher stillschweigend erklärte Zustimmung ausdrücklich bestätigt hat. Die Erklärung zu Protokoll des Gerichts nach § 158 Abs. 2 StPO. bedurfte keiner Unterzeichnung durch den Erklärenden (Löwe § 158 A. 6, LK. § 61 A. 10 Abs. 2b).

Daß die Äußerungen des Angeklagten bereits als Ungebühr mit einer Geldstrafe gemäß § 178 GVG. geahndet wurden, steht ihrer kriminellen Aburteilung nicht entgegen (vgl. Löwe GVG. § 178 A. 4a).

Hiernach war der Angeklagte zweier weiteren Vergehen der Beleidigung schuldig zu sprechen, wie unter I. geschehen.

C) Zur Widerklage.

Diese ist rechtzeitig erhoben worden (§ 388 Abs. 1 StPO.), die Form der mündlichen Erhebung in der Hauptverhandlung ist nicht zu beanstanden (Löwe § 388 A. 5). Beschluß über ihre Zulassung ist ergangen (vgl. Löwe § 388 A. 6).

a) Zu Ziffer 1 der Widerklage.

Hiezu ist folgender Sachverhalt festgestellt: Der Widerkläger hat, solange er Mitglied des Vereins „Die Gemütlichkeit" war, schon in früheren Versammlungen Streit angefangen, ist stets in der Minderheit geblieben mit seinen Anträgen und hat dann erst recht geschimpft; deshalb hat man ihn im Verein nicht gern gesehen. In der oben erwähnten Versammlung vom 20. Nov. 1927 räsonnierte er wieder und war besonders aufgeregt, als der oben erwähnte Vorschlag des Privatklägers erörtert wurde; er wurde ausfällig gegen diesen, so daß letzterer ihm endlich, nachdem er ihn wiederholt aufgefordert hatte, sachlich zu bleiben, im Ärger zurief: „Du ewiger Krakehler, wir kennen Dich alle" und noch beifügte: „Wer weiß, wie es gegangen wäre beim Versorgungsgericht, wenn wir gehört worden wären." Mit diesem Beisatz spielte der Privatkläger darauf an, daß der Widerkläger, der im Weltkrieg mehrere Verwundungen erlitten hat, eine Versorgungsrente bezieht, über deren Höhe man in der Gemeinde Ödenweiler allgemein erstaunt ist.

Die Voraussetzungen des § 388 Abs. 1 StPO. sind bezüglich dieses Sachverhalts gegeben; als Zusammenhang genügt hier ein enger tatsächlicher, ein ursächlicher ist nicht erforderlich (Löwe § 388 A. 2a). In der Tat war die dem Privatkläger am 21. Dezember 1927 zugefügte Beleidigung dadurch ausgelöst worden, daß der Privatkläger dem Widerkläger vorgeworfen hatte, daß er „schon wieder", d. h. so, wie früher in den Vereinsversammlungen, das Krakehlen anfange, und weiter hatte sich der Widerkläger auch dadurch zu seiner Beleidigung hinreißen lassen, daß er gegen den Privatkläger gerade wegen der ihm von diesem in der Versammlung vom 20. November 1927 zuteil gewordenen Zurechtweisung als Krakehler und wegen der Anspielung auf seine hohe Militärrente gereizt war.

Was nun zunächst die Bezeichnung „ewiger Krakehler“ betrifft, so kann sie als abfälliges Werturteil objektiv eine Beleidigung nach § 185 StGB. darstellen; der Privatkläger wollte auch den Widerkläger an seiner Ehre angreifen. Aber auch hier ist von Amts wegen zu prüfen, ob nicht dem Privatkläger der Schutz des § 193 StGB. zukommt. Der Widerkläger hatte in den Vereinsversammlungen den Streit angefangen, ungerechtfertigte Anträge gestellt, am 20. November 1927 hatte er besonders räsonniert und war sogar gegen den Privatkläger persönlich ausfällig geworden; die wiederholten Aufforderungen des Privatklägers zur Ruhe zeitigten keinen Erfolg; das alles gab dem Privatkläger für seine Person das Recht und als Vereinsvorstand geradezu die Pflicht, zur Sicherung eines ungestörten Verlaufes der Versammlung den Widerkläger mit scharfen Worten in die Schranken zu weisen. Er handelte also in Wahrung berechtigter Interessen sowohl seiner Person wie sämtlicher Vereinsmitglieder. Wenn er dabei den Widerkläger beim rechten Namen nannte, so hat er seiner Gedankenäußerung keineswegs eine Form gegeben, aus der die Absicht zu beleidigen geschlossen werden könnte; gerade dem eigensinnigen und nörgelnden Widerkläger gegenüber durfte er besonders scharfe Worte für nötig halten. Als Versammlungsleiter durfte er auch sofort an Ort und Stelle gegen den Widerkläger einschreiten, er brauchte nicht auf eine Gelegenheit unter vier Augen zu warten; somit ergibt sich auch aus den Umständen, Ort und Zeit keine Beleidigungsabsicht. Die Äußerung war daher nicht rechtswidrig und ist infolgedessen nicht strafbar (vgl. über alles dies LK. § 193 A. 1, 2 Abs. 1, 4, 9, 15—17).

Der auf die hohe Versorgungsrente abzielende Beisatz enthält weder ausdrücklich noch auch nur andeutungsweise den ihm vom Widerkläger untergelegten Vorwurf, daß die Rente durch Schwindel oder sonstige unlautere Machenschaften erlangt sei; der Privatkläger hat damit nicht anderes gesagt, als daß das Versorgungsgericht auf das Vorbringen und die

Anträge des Widerklägers vielleicht nicht soviel gegeben haben würde, wenn es zuvor die Gemeindeverwaltung über die Persönlichkeit und das Gebaren des Widerklägers befragt und dann wahrheitsgemäß erfahren hätte, daß er auch sonst ungerechtfertigte Anträge stellte, den Mund weit aufriß und räsonnierte; daß der Widerkläger bewußt zuviel verlangt oder bewußt falsche Angaben gemacht hätte, hat der Privatkläger nicht zum Ausdruck gebracht. Es liegt sonach schon objektiv keine Beleidigung vor, es erübrigt sich somit die Frage des Wahrheitsbeweises nach § 186 oder der Wahrnehmung berechtigter Interessen nach § 193 StGB.

Hiernach war Dickkopf von der Anklage wegen eines Vergehens der Beleidigung freizusprechen. Nur der Vollständigkeit halber sei hier angefügt, daß die Nichteinhaltung der Antragsfrist des § 61 StGB. bezüglich der schon am 20. November 1927 gefallenen Äußerung hier unschädlich wäre; denn es würde sich gegebenenfalls um wechselseitige Beleidigungen nach § 198 StGB. gehandelt haben, zu deren Begriff ein ursächlicher Zusammenhang nicht gehört (LK. § 198 A. 2), und es bedürfte für die Wirksamkeit des Strafantrags lediglich der hier vorhandenen Voraussetzung, daß die Antragsfrist bezüglich der vorausgegangenen Beleidigung (20. November 1927) im Zeitpunkte der Verübung der nachgefolgten Gegenbeleidigung (21. Dezember 1927) noch nicht abgelaufen war (LK. § 198 A. 4, Löwe § 388 A. 9).

b) Zu Ziffer 2 der Widerklage.

Ob eine fahrlässige Körperverletzung an der Ehefrau Hartensteiner verübt wurde, bedarf keiner sachlichen Feststellung. Nach § 388 Abs. 1 StPO. müssen die den Gegenstand der Klage und der Widerklage bildenden Handlungen zwischen denselben Personen stattgefunden haben und es kann daher ein Ehemann, wenn gegen ihn Privatklage erhoben ist, eine gegenüber seiner Ehefrau verübte Straftat nicht zum Gegenstande der Widerklage machen (vgl. Löwe § 388 A. 2b). Daran vermag auch § 195 StGB. nichts zu ändern; denn das dort dem Ehemann zugesprochene selbständige Antragsrecht macht nicht ihn selbst auch zum Verletzten. Die irrige Meinung des Verteidigers, daß der Widerkläger als Ehemann „gesetzlicher Vertreter" seiner Frau sei, bedarf hier keiner weiteren Widerlegung. Die Widerklage ist also insoweit unzulässig und es war daher das Verfahren mangels einer Prozeßvoraussetzung einzustellen, wie in Ziffer III des Urteilssatzes geschehen. An den Beschluß, der die Widerklage auch insoweit zuließ, ist das Gericht bei der Urteilsfällung ebensowenig gebunden wie an die rechtliche Beurteilung im Eröffnungsbeschluß (vgl. § 264 Abs. 2, § 260 in Verb. mit § 384 Abs. 1).

c) Zu Ziffer 3 der Widerklage.

Hiezu ist folgender Sachverhalt festgestellt: Als der Widerkläger am 21. Dezember 1927 in der Gastwirtschaft „zum roten Ochsen" die den Gegenstand der Privatklage bildende Beleidigung ausgesprochen hatte, sprang der Privatkläger auf, nahm seinen Maßkrug, zog damit gegen den Widerkläger auf, traf aber dessen dazwischen springende Ehefrau am Arm; noch während er den Maßkrug zum Schlage erhob, hatte er seinem Nachbarn Kohlmeier zugerufen: „Fritz, hau ihm ein paar herunter!", worauf dieser dem Widerkläger mit der Faust mehrere Schläge auf den Kopf versetzte, sodaß er blutete.

Der rechtlichen Beurteilung, wie sie der Vertreter des Widerklägers diesem Verhalten des Privatklägers gibt, ist nicht beizutreten: Es kommt nämlich entscheidend in Betracht, daß der Privatkläger seinen Zuruf an Kohlmeier schon in dem Augenblicke richtete, als er selbst zum Schlag erst ausholte, und daß Kohlmeier, dies erkennend, den Entschluß faßte und verwirklichte, im Zusammenwirken mit dem Privatkläger auf den Widerkläger einzuschlagen. Es liegt ein bewußtes und gewolltes Zusammenwirken mehrerer vor, also eine gemeinschaftlich verübte gefährliche Körperverletzung nach § 223a StGB. Zur Mittäterschaft genügt eine Ausführungshandlung im weitesten Sinne und ein auch nur mittelbares Mitwirken bei der Ausführung, indem der Mittäter die eigentliche Ausführungshandlung durch den anderen Mittäter als sein doloses Werkzeug vornehmen läßt (LK. § 47 A. 2b). Es ist daher unerheblich, daß die vom Privatkläger gewollte eigene physische Mitwirkung nicht zur Vollendung kam. Bei der gemeinschaftlichen Körperverletzung ist eine vorherige Verständigung nicht erforderlich und die Tat braucht auch nicht unbedingt gleichzeitig begangen zu werden, es genügt vielmehr, wenn der eine Täter die Tätigkeit des anderen wissentlich und mit dessen Willen fortsetzt (LK. § 223 a A. 5).

Die Voraussetzungen des § 388 StPO. sind hier gegeben: Auch die gefährliche Körperverletzung ist mit Privatklage verfolgbar (§ 374 Abs. 1 Ziff. 2 StPO.), der tatsächliche Zusammenhang mit der den Gegenstand der Privatklage bildenden Straftat bedarf hier keiner weiteren Begründung. Da das Vergehen nach § 223 a nicht ein Antragsdelikt ist, kommt es hier — auch abgesehen von der Bestimmung des § 198 — weder auf die Stellung eines Strafantrags überhaupt noch auf die in § 63 StGB. bestimmte Unteilbarkeit des Strafantrags an; es ist daher rechtlich bedeutungslos, daß der Widerkläger gegen Kohlmeier einen Strafantrag nicht gestellt hat, das Privatklagegericht hat auch keine rechtliche Möglichkeit, die Tat des Kohlmeier gegen den Willen des Widerklägers von Amts wegen in das Verfahren einzubeziehen.

Der Privatkläger macht Notwehr geltend (§ 53 StGB.). Davon kann aber nach der Beweisaufnahme mangels eines gegenwärtigen Angriffs objektiv keine Rede sein: Der Widerkläger hatte keine Waffe bei sich, er hatte auch gar nicht zur Messertasche gegriffen und wollte, wie ihm nicht widerlegt werden kann, überhaupt nicht angreifen. Das Verteidigungsvorbringen des Privatklägers, er habe geglaubt, daß ihn Hartensteiner überfallen wolle, er habe also mindestens in vermeintlicher Notwehr gehandelt, ist nach den bestimmten Bekundungen des Zeugen Nikolaus Meier nicht glaubhaft. Es entspricht vielmehr dem ganzen Verlauf des Streites, daß der Privatkläger, aufgebracht über die ihm soeben zugefügte schwere Beleidigung, sich an dem Widerkläger nur rächen wollte; daß er weitere Beleidigungen seitens des Widerklägers befürchtete und diese durch den Schlag mit dem Maßkrug hätte vereiteln wollen, behauptet er selbst nicht.

Der Privatkläger war hiernach eines Vergehens der gefährlichen Körperverletzung schuldig zu sprechen. Dieses steht allerdings mit der gegenüber der Ehefrau begangenen fahrlässigen Körperverletzung in Tateinheit nach § 73 StGB., weil insoweit eine „fehlgegangene Tat" vorliegt (vgl. hiewegen LK. allgem. Einl. B II D 2b — S. 68 —, ferner § 223 A. 14). Allein, wie unter b) ausgeführt, fehlt es insoweit zur Einbeziehung in die Aburteilung an einer Prozeßvoraussetzung. Andererseits aber war trotz vorliegender Tateinheit ausdrücklich auf Einstellung des Verfahrens hinsichtlich der fahrlässigen Körperverletzung zu erkennen, und zwar aus den gleichen Gründen wie oben hinsichtlich der namens des Vereins erhobenen Privatklage.

Die gefährliche Körperverletzung hat den Widerkläger 3 Tage arbeitsunfähig gemacht, weiter aber keine nachteilige Folgen gezeitigt; es wurden daher gemäß § 228 StGB. mildernde Umstände angenommen.

D) Beim Strafausmaß wurde folgendes erwogen: Die Vorschrift des § 27 b StGB. kommt bei § 185 StGB. überhaupt nicht in Betracht, bei § 223 a in Verb. mit § 228 in vorliegendem Falle deswegen nicht, weil dem Gericht nach den ganzen Umständen des Falles ohnehin eine Geldstrafe als Sühne ausreichend erschien (vgl. LK. § 27 b A. 2c). Auch für die Beleidigungen waren trotz ihrer Schwere noch Geldstrafen am Platze. Die Einkommens- und Vermögensverhältnisse des Privatklägers sind amtsbekannt günstig, die des Widerklägers amtsbekannt dürftig; dies wurde bei dem Ausmaße der Geldstrafen und deren Umwandlung in Ersatzfreiheitsstrafen entsprechend berücksichtigt (§ 27 c Abs. I, § 29 StGB.). Beiden Teilen wurde ihre Erregung zugute gehalten. Strafschärfend wirkte bei Dickkopf, daß er gerade als Bürgermeister die Achtung vor dem Gesetze besonders bewahren müßte, bei Hartensteiner die Häufung der Beleidigungen und die völlige Grundlosigkeit der Bezeichnung „meineidig", da die Beweisaufnahme völlig klargestellt hat, daß Dickkopf auch nicht einmal objektiv seine Eidespflicht verletzte. Andererseits war bei Hartensteiner die Teilnahme am Weltkrieg und die mehrmalige Kriegsverwundung strafmildernd zu berücksichtigen; auch mochte er von seinem Standpunkt aus an eine Eidesverletzung durch den Privatkläger geglaubt haben. Hiernach waren schuldangemessen bei Hartensteiner für die Beleidigung vom 20. November 1927 eine Geldstrafe von 120 *RM*, ersatzweise 24 Tage Gefängnis, für die beiden Beleidigungen in der Hauptverhandlung je 60 *RM*, ersatzweise je 12 Tage Gefängnis; zur Umwandlung in Haftstrafen bestand bei der groben Ehrenrührigkeit der Beleidigungen kein Anlaß (§ 29 Abs. 1 Satz 2 StGB.); bei Dickkopf war schuldentsprechend eine Geldstrafe von 200 *RM*, ersatzweise 10 Tage Gefängnis. Für die Anwendung des § 199 StGB. war dem Angeklagten Hartensteiner gegenüber schon aus tatsächlichen Gründen kein Raum, weil den von ihm verübten Beleidigungen eine solche seitens des Dickkopf überhaupt nicht vorausgegangen war; auch dem Angeklagten Dickkopf gegenüber konnte § 233 StGB. keine Anwendung finden, weil die gefährliche Körperverletzung nicht zu den „leichten" gehört (LK. § 233 A. 2).

Der Angeklagte Hartensteiner hat die erste Beleidigung verübt in der öffentlichen, jedem zugänglichen und von unbestimmt welchen und wievielen Gästen besuchten Gaststube der Gastwirtschaft, die beiden letzten in öffentlicher Sitzung vor zahlreichen Zuhörern, also in allen 3 Fällen öffentlich (LK. § 200 A. 2, § 186 A. 6). Es war daher auf Veröffentlichungsbefugnis nach § 200 StGB. in der in Ziff. IV des Urteilssatzes angeordneten Weise zu erkennen.

E) Entscheidung im Kostenpunkt (ist erlassen).

gez. Böswind.

Staatsprüfung 1923 November, I. 9.[1])

Ber. Reg. 245/27.

Die Strafkammer des LG. Eberstein erläßt in der Strafsache gegen Eustachius Ehrlich und zwei Genossen wegen Grenzfälschung u. a. auf Grund der Hauptverhandlung vom 22. November 1927 in der öffentlichen Sitzung vom 29. November 1927, in der zugegen waren:

1. der Vorsitzende Landgerichtsdirektor Wucht,
2. die Beisitzer Landgerichtsräte Altmann und Dünkler,
3. die Schöffen Eberl und Wäger,
4. der II. Staatsanwalt Klug,
5. der stellvertretende Urkundsbeamte Referendar Dr. Tiefgeher,

folgendes

Urteil:

I. Die Berufungen der drei Angeklagten gegen das Urteil des Schöffengerichts Forsthof vom 7. Oktober 1927 werden verworfen und zwar mit dem Abmaße, daß Ehrlich lediglich eines Vergehens der Grenzfälschung, Hutzler lediglich eines Vergehens der Beihilfe hierzu, Trinkl lediglich eines Vergehens der versuchten Unterschlagung schuldig ist und letzterer hierwegen zur Gefängnisstrafe von 3 Tagen verurteilt wird.

---

[1]) Um die Aufgabe dem neuen Recht anzupassen, sind folgende Änderungen im Texte der Aufgabe vorzunehmen:
a) statt der Jahreszahl 1923 ist jeweils 1927 zu setzen,
b) bei Aktenstück 2 hat die Fußnote zu lauten: „Die Vollmacht gilt als ordnungsgemäß unter ausdrücklicher Ermächtigung zur Empfangnahme von Zustellungen ausgestellt."
c) im Aktenstück 8 lies statt „Landgerichtsrat Eberl und Wäger": „Die Schöffen Eberl und Wäger",
d) statt § 496 StPO. lies § 464 StPO.,
statt § 366 StPO. lies § 325 StPO.,
statt § 264 StPO. lies § 265 StPO.,
e) der letzte Satz der Aufgabe ist zu streichen.

II. Auf die Berufung des Amtsanwalts wird das genannte Urteil insoweit aufgehoben, als Trinkl freigesprochen wurde; Trinkl wird wegen eines Vergehens der Beihilfe zur Grenzfälschung unter Einrechnung der gegen ihn unter I erkannten Gefängnisstrafe zur Gesamtgefängnisstrafe von 4 Tagen verurteilt.

III. Das genannte Urteil wird im Kostenpunkt aufgehoben; die drei Angeklagten haben die Kosten des Strafverfahrens erster Instanz, ferner ein jeder die Kosten seiner Berufung und Strafvollstreckung, Trinkl auch die Kosten der staatsanwaltschaftlichen Berufung zu tragen.

Gründe.

Durch das genannte Urteil wurde Ehrlich wegen eines Vergehens der Grenzfälschung in Tateinheit mit einem Vergehen der Anstiftung hierzu zu 10 Tagen Gefängnis, Hutzler wegen eines Vergehens der Grenzfälschung zu einer Woche Gefängnis, Trinkl wegen eines Jagdvergehens in Tateinheit mit einem Vergehen des versuchten Diebstahls zu 8 Tagen Gefängnis verurteilt. Hiergegen haben alle 3 Angeklagten Berufung eingelegt, und zwar formgerecht; insbesondere genügt die Berufung des Hutzler und Trinkl trotz fehlender Unterschrift des Urkundsbeamten den Vorschriften des § 314 Abs. 1 StPO. als schriftliche Berufung. Durch dasselbe Urteil wurde Trinkl von der Anklage wegen eines Vergehens der Grenzfälschung freigesprochen. Hiergegen hat der Amtsanwalt formgerecht Berufung eingelegt. Sämtliche Berufungen sind zulässig (§§ 312, 313 StPO.) und fristgerecht eingelegt (§ 314 Abs. 1 StPO.); sämtliche Berufungen richten sich gegen den Schuldspruch, sind also unbeschränkt eingelegt (§ 318 StPO.).

In der Berufungsverhandlung wurde der Sachverhalt so festgestellt, wie er in den Gründen des angefochtenen Urteils niedergelegt ist. Auf diese Feststellungen wird hier Bezug genommen (vgl. Löwe § 332 A. 4).

Die rechtliche Würdigung des Sachverhalts ergibt folgendes:

a) Die Verrückung des Grenzsteines. Insoweit unterliegt das Urteil der Nachprüfung des Berufungsgerichts in der Schuldfrage in vollem Umfang (§§ 318, 327 StPO.).

Der Stein Nr. 6 ist ein Grenzstein im Sinne des § 274 Nr. 2 StGB.: Er ist nach dem maßgebenden Willen der beiden Gemeinden Schwarzwinkel und Hintersteig als Grundstücksnachbarn dazu bestimmt und trotz seiner Lockerung im Erdreich noch geeignet, zur Beurkundung der Grenze zwischen den beiden Waldgrundstücken zu dienen (LK. § 274 A. 11); daß die ehemals angelegten Raine jetzt stellenweise kaum mehr kenntlich sind, ist unerheblich, weil die Grenze von einem Stein zum nächstfolgenden jeweils gerade verläuft und durch die Steine allein ausreichend festgelegt ist.

Die Handlung des Angeklagten Ehrlich erfüllt den inneren und äußeren Tatbestand eines Vergehens der Grenzsteinverrückung nach § 274 Nr. 2 StGB., insbesondere ist die dort erforderte Absicht gegeben, da der Plan, den Grenzverlauf für die Gemeinde Hintersteig günstiger zu gestalten, notwendig und auch nach der Vorstellung des Angeklagten die Folge hatte, daß das Grundstück der Gemeinde Waldwinkel nun im Flächenausmaß kleiner erschien (LK. § 274 A. 14). Allerdings kann das Vergehen nach § 274 Nr. 2 in der Form der „Wegnahme" schon dadurch vollendet werden, daß der Grenzstein aus seinem Lageplatz losgelöst und daneben niedergelegt wird (LK. § 274 A. 12); allein der Vorsatz des Ehrlich ging, was der Erstrichter verkannt hat, darüber hinaus auf eine „Verrückung", d. h. auf das Herausnehmen von der richtigen und das Einsetzen an einer falschen Stelle (LK. § 274 A. 13), nämlich an einer bedeutend weiter westlich und im Gebiet der Gemeinde Waldwinkel liegenden Stelle. Das Vergehen des Ehrlich war daher im Gegensatz zur Annahme des Erstrichters erst mit der Einsetzung des Grenzsteines an jenem Punkte vollendet. Die Teilhandlung des Herausnehmens hat Ehrlich in unmittelbarer Täterschaft verübt, zur Vollendung seines Tuns, nämlich zur Einsetzung an anderer Stelle, hat er sich der beiden Mitangeklagten Hutzler und Trinkl als bösgläubiger Werkzeuge bedient. Diese beiden handelten unter sich im bewußten und gewollten Zusammenwirken (§ 47 StGB.), im Verhältnis zu Ehrlich aber nicht als Selbsttäter oder Mittäter, sondern nur als dessen Gehilfen (§ 49 StGB.); denn nach der vom Erstrichter richtig getroffenen tatsächlichen Feststellung fehlte ihnen jedes eigene

Interesse an der Tat, für sie war auch nicht der Vorteil ihrer Gemeinde Hintersteig bestimmend, sondern lediglich das Versprechen von ein paar Maß Bier; sie ließen sich umstimmen, das zu tun, was Ehrlich wollte, sie wollten nur dessen Tat fördern. Das Versprechen einer Belohnung erfüllt für Ehrlich allerdings den Tatbestand einer Anstiftung zur Beihilfe, aber diese wird durch die schwerere Begehungsform der Selbsttäterschaft abgegolten (LK. § 48 A. 1). Die vom Erstrichter angenommene Tateinheit zwischen Täterschaft und Anstiftung ist begrifflich ausgeschlossen, und zwar selbst dann, wenn bei Hutzler oder Trinkl nicht Beihilfe, sondern Mittäterschaft anzunehmen wäre. Da es sich bei allen drei Angeklagten nur um ein und dieselbe Tat, nämlich die Verrückung des Grenzsteines Nr. 6 handelt, kann bei Hutzler nicht, wie der Erstrichter meint, der Tatbestand des „fälschlichen Setzens" vorliegen; denn hierzu wäre erforderlich, daß der Täter irgend einem Gegenstand, der bis dahin noch nicht Grenzzeichen war, erst durch Einsetzen den Anschein eines Grenzzeichens verleiht (LK. § 274 A. 11 und 13).

Zu Unrecht hat der Erstrichter auf den Angeklagten Trinkl die strafbefreiende Vorschrift des § 46 Nr. 2 StGB. angewendet. Die deliktischen Tatbestände sind entweder solche, bei denen sich die Tat in einer Handlung als bloßer Willensbetätigung bereits erschöpft, gleichviel, ob diese Handlung dabei als Verursachung eines weiteren äußeren Erfolgs in Betracht kommt oder nicht (reine Tätigkeitsdelikte), oder solche, bei denen zu der abgeschlossenen reinen Tätigkeit noch ein durch die Weiterwirkung der ausgelösten Ursachen herbeigeführter bestimmter äußerlicher Erfolg hinzutreten muß, um den deliktischen Tatbestand voll zu verwirklichen (Erfolgsdelikte im weiteren Sinne). (Vgl. hierzu LK. § 46 A. 1). Nur letztere werden von der Vorschrift des § 46 Nr. 2 StGB. erfaßt, bei ersteren dagegen ist ein Rücktritt vom beendigten Versuch schon rein tatsächlich ausgeschlossen. Zu diesen ersteren gehört aber die Grenzsteinverrückung in der von Trinkl gewählten Ausführungsart; denn das Verrücken als solches bringt die Straftat zur völligen Verwirklichung und darauf, ob der mit der Absicht erstrebte weitere Erfolg des Nachteils eintritt oder auch nur eintreten kann, kommt es nicht an (LK. § 274 A. 14 a. E.). Es war also ausgeschlossen, daß Trinkl einen nach dem Einsetzen des Grenzsteines im Punkte a) noch möglichen weiteren äußeren „Erfolg" durch weitere Tätigkeit, — hier das Verbringen des Grenzsteines nach Punkt b) — hätte abwenden können, die Straftat war vielmehr durch jenes Einsetzen in Punkt a) unabänderlich vollendet.

Nach alledem bleibt folgendes Endergebnis: Es liegt ein vollendetes Vergehen der Grenzsteinverrückung nach § 274 Nr. 2 StGB. vor, dessen Täter Ehrlich ist und zu dem Hutzler und Trinkl Beihilfe geleistet haben. Völlig abwegig ist der Hilfsantrag des Verteidigers auf Verurteilung nur wegen versuchter Grenzfälschung schon im Hinblick auf § 43 Abs. 2 StGB. Hiernach erweist sich die Berufung des Ehrlich und des Hutzler im Schuldspruch als unbegründet und die des Staatsanwalts als begründet, wobei es, eben weil Verurteilung zu Strafe bestehen bleibt bzw. bei Trinkl eintritt, belanglos ist, daß das Berufungsgericht in rechtlicher Beziehung zu einem sowohl vom Eröffnungsbeschlusse wie vom erstrichterlichen Urteile wie auch vom Antrag des Staatsanwalts teilweise abweichenden Ergebnis gelangt (§§ 264 Abs. 2, 265, 331 StPO.).

Bezüglich des Strafmaßes ist folgendes auszuführen: Ehrlich hatte als Bürgermeister die besondere Pflicht zur Achtung der Gesetze, er hat noch dazu zwei seiner eigenen Gemeindeangehörigen in Strafe gebracht; das Gericht ist bedauerlicher Weise durch die Vorschrift des § 331 StPO. gehindert, eine hierfür gebührende höhere Strafe auszusprechen. Die gegen Hutzler vom Erstrichter erkannte Strafe ist aus den von ihm angeführten Gründen schuldentsprechend, und zwar auch bei Beachtung der Vorschriften der §§ 49 Abs. 2 und 44 Abs. 1 und Abs. 4 StGB. Den Berufungen dieser beiden Angeklagten mußte daher auch im Strafmaß ein Erfolg versagt bleiben, sie waren als unbegründet zu verwerfen. Bei Trinkl dagegen konnte weitgehend berücksichtigt werden, daß er alsbald seine Verfehlung reuevoll aus der Welt zu schaffen suchte; für ihn sind daher gemäß § 49 Abs. 2 und § 44 StGB. zwei Tage Gefängnis eine ausreichende Sühne.

b) Die Aneignung des Hasen:

Durch den Tod eines Tieres wird dessen Jagdbarkeit nicht aufgehoben, sie dauert vielmehr bis zur völligen Verwesung fort (LK. § 292 A. III 4, letzter Absatz); ein Irrtum des Täters hierüber würde ein unbeachtlicher Strafrechtsirrtum sein. Allein der Angeklagte Trinkl hat festgestelltermaßen, wenn auch tatsächlich zu Unrecht, angenommen, daß der Jagdpächter selbst den Hasen geschossen und unter dem Tannenreisig versteckt habe. Wäre dem so gewesen, dann wäre der Hase bereits in den Besitz des Jagdberechtigten gelangt und dadurch seine Herrenlosigkeit und Jagdbarkeit erloschen gewesen (LK. § 292 A. III 4 vorl. Abs.). Ein Irrtum des Täters über die Herrenlosigkeit des Tieres ist aber ein Irrtum über Tatumstände im Sinne des § 59 StGB. und schließt die Strafbarkeit aus (LK. § 292 A. VIII Abs. 2); ein Jagdvergehen hat also mangels inneren Tatbestandes überhaupt auszuscheiden. Bei dieser Sachlage kann es auf sich beruhen, daß der Erstrichter die erschwerenden Tatbestandmerkmale des Jagens zur Nachtzeit und in Wäldern (§ 293 StGB.) übersehen hat; der Erschwerungsgrund der gesetzlichen Schonzeit wäre allerdings bei totem Wild ausgeschlossen (LK. § 293 A. 1). Die berechtigte Annahme eines Jagdvergehens würde selbstverständlich, da dieses nur an herrenlosen Tieren begangen werden kann, die gleichzeitige Annahme eines Eigentumsvergehens (§ 242 oder 246 StGB.) begrifflich ausschließen, da es am Tatbestandsmerkmal der fremden, d. h. im Eigentum eines Dritten stehenden Sache mangeln würde; auch insoweit hat der Erstrichter geirrt.

Die Vorstellung des Trinkl ging dahin, daß er ein Tier, an dem der Jagdberechtigte bereits Besitz ergriffen und damit Eigentum erlangt habe (§ 958 BGB.), also eine fremde bewegliche Sache an sich nehme; weiter nahm er an, daß der Jagdberechtigte den Gewahrsam an dem von ihm nur vorübergehend im Dickicht versteckten Hasen später unfreiwillig verloren habe, weil er auf ihn vergaß oder ihn nicht mehr fand. Sein Vorsatz ging also auf rechtswidrige Aneignung einer unbesessenen Sache und damit auf Unterschlagung nach § 246, nicht aber, wie der Erstrichter rechtsirrig annahm, auf Diebstahl (vgl. LK. § 242 A. I 2 und II A. a, § 246 A. 4a). Zur Vollendung konnte dieses Vergehen nicht kommen, weil es an dem äußeren Tatbestandsmerkmal der fremden Sache fehlte; denn der Wilderer Haslinger hatte durch die Besitzergreifung weder für sich noch für den Jagdberechtigten Eigentum erworben, der Hase war vielmehr auch im toten Zustand herrenlos geblieben (§ 958 Abs. 2 BGB., Art. 69 EG. zum BGB., Art. 143 Ziff. I bay. AG. zum BGB., vgl. LK. Vorbem. vor § 242, A. II 3b). Der Irrtum des Täters über einen Mangel am Tatbestande begründet nach der ständigen Rechtsprechung des RG., der das Berufungsgericht folgt, einen Versuch im Sinne des § 43 StGB. (LK. § 43 A. 11b); Trinkl hat den Entschluß, ein Vergehen der Unterschlagung zu verüben, durch Handlungen betätigt, die auch nach seiner Meinung einen Anfang der Ausführung darstellten. Das angefochtene Urteil war daher im Schuldspruch abzuändern wie geschehen. Wegen des nicht erheblichen Wertes des Hasenpelzes wurden dem Trinkl mildernde Umstände zugebilligt und war eine Ermäßigung der Gefängnisstrafe auf drei Tage angemessen. Die Beihilfe zur Grenzfälschung und die versuchte Unterschlagung beruhen je auf selbständigem Entschluß und gesonderter Ausführungshandlung, stehen also in Tatmehrheit gemäß § 74 StGB. Es war daher eine Gesamtstrafe und zwar in der angemessenen Höhe von vier Tagen Gefängnis zu bilden. Da Trinkl unbeschränkt Berufung eingelegt hat, erwies sich diese in der Hauptsache als unbegründet und war daher gleichfalls zu verwerfen.

Ehrlich handelte unter Mißbrauch seines amtlichen Ansehens, Hutzler und Trinkl aus Gewinnsucht; es könnte daher bei keinem der Angeklagten der Strafzweck durch eine Geldstrafe erreicht werden (§ 27b StGB.).

C) Ausspruch im Kostenpunkte:

Der Ausspruch in Ziff. IV des Urteilssatzes des schöffengerichtlichen Urteils stimmt zwar mit der Fassung im Sitzungsprotokoll überein, enthält aber, wie sich aus der Bezugnahme auf Ziff. III Abs. 2 das. ergibt, einen inneren Widerspruch und beruht, wie gerade aus jener Bezugnahme zweifelsfrei hervorgeht, auf einem offenbaren Schreibversehen. Ein solches ist der Rechtskraft nicht fähig und kann jederzeit, auch vom

Berufungsgericht, richtiggestellt werden (Löwe Vorbem. zum Dritten Buch, A. 2c). Es war daher Ziff. IV des Urteilssatzes von Amts wegen aufzuheben. Die Angeklagten haben die Kosten des Verfahrens 1. Instanz gemäß § 465 Abs. 1 StPO., ferner ein jeder die Kosten seiner erfolglosen Berufung gemäß § 473 Abs. 1 Satz 1 StPO. und seiner Strafvollstreckung gemäß § 466 Abs. 2 Satz 2 StPO., Trinkl außerdem die Kosten der staatsanwaltschaftlichen Berufung gemäß § 465 Abs. 1 StPO. zu tragen; soweit sie wegen der Grenzfälschung verurteilt sind, haften sie als Gesamtschuldner für die Auslagen nach Maßgabe des § 466 Abs. 2 StPO.

gez. Wucht. Altmann. Dünkler.

Staatsprüfung 1925 November, I. 10,

II. Unteraufgabe.

I. Würdigung des Verfahrens.

a) Das Vergehen der gefährlichen Körperverletzung kann, obwohl nicht Antragsdelikt (§ 232 Abs. 1 mit § 223 a StGB.), im Wege der Privatklage verfolgt werden (§ 374 Nr. 3 StPO.); es kann aber auch, wie dies hier der Fall war, die Staatsanwaltschaft die öffentliche Klage erheben (§ 376 StPO.). Entschließung hierüber steht ausschließlich in ihrem pflichtmäßigen Ermessen (Löwe § 376 A. 4).

Da das Urteil vom 15. Juli 1925 vom Amtsrichter erlassen wurde, hatte offenbar die Staatsanwaltschaft bei Anklageerhebung Antrag nach § 25 Ziff. 2c GVG. gestellt; dieser Antrag war zulässig.

Brandel konnte sich als Verletzter gemäß §§ 295, 374 Ziff. 3 StPO. der öffentlichen Klage als Nebenkläger anschließen; der die Berechtigung aussprechende Beschluß des Amtsgerichts ist in Ordnung (§ 396 StPO.). Durch den Anschluß erlangte Brandel die Rechte des Privatklägers (§ 397 StPO.).

b) Die Einlegung der Berufung durch Brandel war zulässig (§§ 312, 313, 397, 401, 390 StPO.), ebenso die Einlegung der Revision durch den Staatsanwalt (§§ 312, 313, 335 Abs. 1 StPO.). Die Revision (sogenannte Sprungrevision) war aber gemäß § 335 Abs. 3 Satz 1 zunächst als Berufung zu behandeln; „Beteiligter" im Sinne dieser Vorschrift ist jeder Prozeßbeteiligte, dem gesetzlich das Recht zusteht, das Urteil im Wege eines Rechtsmittels anzufechten (Löwe § 335 A. 2), also auch der Nebenkläger.

Der Beschluß des AG. vom 10. August 1925 erging in Anwendung des § 346 Abs. 1 StPO., beruhte aber auf rechtsirriger Auslegung des § 335 Abs. 3 Satz 2 StPO.; denn diese Vorschrift erlangt erst dann rechtliche Bedeutung, wenn die eingelegte Berufung wegfällt und die Sprungrevision allein noch übrig bleibt, vorher ist die Nichtbeachtung des § 344 und § 345 StPO. unschädlich (Löwe § 335 A. 3). Mit Recht hat daher das Revisionsgericht auf den vom Staatsanwalt gemäß § 346 Abs. 2 StPO. gestellten Antrag den Beschluß des AG. aufgehoben. Revisionsgericht ist in Bayern das Oberste LG., da die Berufung an die kleine Strafkammer zu gehen hatte (§§ 74, 76, 121 Nr. 1b GVG., § 9 EG. zum GVG., Art. 167 XII Bay. AG. zum BGB.).

c) Bei der Verhandlung vom 1. Oktober 1925 war über die beiden Rechtsmittel zu entscheiden und zwar über jedes selbständig (§ 401 StPO.).

1. Wenn § 397 StPO. dem Nebenkläger „die Rechte" des Privatklägers gibt, so ist dies in dem Sinne zu verstehen, daß er die gesamte rechtliche Stellung des Privatklägers einnimmt, also auch dessen Pflichten hat (Löwe § 397 A. 1a). Er hat also seine Berufung in der Hauptverhandlung gemäß § 391 Abs. 3 selbst wahrzunehmen oder durch einen Rechtsanwalt sich vertreten zu lassen; eine Ausnahme hiervon bestimmt lediglich § 400 StPO., indem er dem Ausbleiben des Nebenklägers oder seines Rechtsanwalts nicht die Wirkung einer fingierten Zurücknahme der Anschlußerklärung nach § 391 Abs. 2 gibt (Löwe § 400 A. 1). Erscheint aber der Nebenkläger oder dessen Anwalt nicht in der Verhandlung über eine von ihm eingelegte Berufung, so ist diese gemäß § 391 Abs. 3 StPO. sofort zu verwerfen (Löwe § 397 A. 1a); eine Beachtung des § 301 StPO. kam im vorliegenden Falle nicht in Frage, da das amtsgerichtliche Urteil ohnehin schon auf Freisprechung gelautet hatte.

Das Urteil der Strafkammer war also insoweit in Ordnung. Ob sie diese Berufung wirklich „sofort", d. h. noch vor der Berichterstattung (§ 324 StPO.) verwerfen oder die Verwerfung auf den Schluß der über das Rechtsmittel der Staatsanwaltschaft zu pflegenden Verhandlung zurückstellen wollte, oblag ihrem Ermessen und bestimmte sich lediglich nach Zweckmäßigkeitsgründen (Löwe § 329 A. 1a).

2. Über die Revision der Staatsanwaltschaft war in der Berufungsverhandlung sachlich zu entscheiden (Löwe § 335 A. 2 a. E.), da sie solange als Berufung zu behandeln war, als

nicht die Berufung des Nebenklägers zurückgenommen oder als „unzulässig“ verworfen wurde (§ 335 Abs. 3 Satz 1); die „sofortige“ Verwerfung ist der Verwerfung als „unzulässig“ nicht gleichgestellt. Das Urteil der Strafkammer ist daher auch insoweit prozessual in Ordnung.

d) Auch der Nebenkläger ist zum Antrag auf Wiedereinsetzung in den vorigen Stand berechtigt (§§ 397, 391 Abs. 4 StPO.). Das Gesuch ist nach dem Tatbestande rechtzeitig gestellt und glaubhaft gemacht (§ 45 StPO.); ein unabwendbarer Zufall lag zweifellos vor (§ 44 StPO.). Zuständig zur Entscheidung war die Strafkammer, weil sie zur Entscheidung in der Sache selbst, d. h. zur Entscheidung über die Berufung des Nebenklägers zuständig war (§ 46 Abs. 1 StPO.). Der Beschluß der Strafkammer auf Wiedereinsetzung (Besetzung nach § 76 Abs. 1 GVG.) war daher in Ordnung; er unterliegt keiner Anfechtung (§ 46 Abs. 2 StPO.).

II. Die Entscheidung der Strafkammer am 2. November 1925.

Die Wiedereinsetzung beseitigte das Urteil vom 1. Oktober 1925 zunächst insoweit, als die Berufung des Nebenklägers sofort verworfen worden war, und zwar ohne daß es noch einer ausdrücklichen Aufhebung des darauf gerichteten Urteilssatzes bedürfte; denn die Wiedereinsetzung versetzt das Verfahren automatisch in den früheren Stand zurück; es ist daher über die Berufung des Nebenklägers sachlich zu verhandeln und zu entscheiden. Da sie unbeschränkt eingelegt war, unterliegt das Urteil des Amtsgerichts der Nachprüfung des Berufungsgerichtes in vollem Umfange (§ 318 Satz 2 StPO.), so daß also nicht nur die Schuldfrage, sondern im Falle ihrer Bejahung auch die Straffrage nach jeder Richtung zu prüfen und zu entscheiden ist. Diese Notwendigkeit führt hier zwangsläufig dazu, daß das Urteil vom 1. Oktober 1925 auch insoweit gegenstandslos wird, als es auf die Berufung des Staatsanwalts hin sich bereits mit dem Schuldspruch und der Straffrage befaßt hatte (vgl. auch Löwe § 329 A. 6). Der Stand des Verfahrens ist also nun wieder so, als ob jenes Urteil vom 1. Oktober 1925 überhaupt nicht ergangen wäre, die Rechtskraft jenes Urteils ist trotz Nichteinlegung der Revision seitens der Staatsanwaltschaft beseitigt worden durch die dem Nebenkläger zuungunsten des Angeklagten bewilligte Wiedereinsetzung. Es bildet daher auch die Verhängung einer Geldstrafe im Urteil vom 1. Oktober 1925 kein Hindernis, nun die Strafe der Art und dem Maße nach zu verschärfen; die Auffassung des Staatsanwalts, daß eine dem Angeklagten ungünstigere Entscheidung nicht mehr getroffen werden dürfe, hat im Gesetz keine Grundlage, das Verbot einer reformatio in pejus ist auf die Fälle der §§ 331 und 358, deren Voraussetzungen hier nicht vorliegen, beschränkt. Auch der Grundsatz „ne bis in idem" ist nicht verletzt, da ein rechtskräftiges Urteil nicht mehr vorliegt.

Die Strafkammer hat daher zu erkennen wie folgt:

I. Das Urteil der Strafkammer des LG. Altburg vom 1. Oktober 1925 hat in Wegfall zu kommen.

II. Das Urteil des AG. Neustadt vom 15. Juli 1925 wird aufgehoben.

III. Auer (Personalien) wird wegen eines Vergehens der gefährlichen Körperverletzung zur Gefängnisstrafe von 4 Monaten verurteilt.

IV. Der Angeklagte hat die Kosten des gesamten Strafverfahrens und der Strafvollstreckung zu tragen und die dem Nebenkläger erwachsenen notwendigen Auslagen zu erstatten mit der Maßgabe, daß es bei der mit dem Beschluß vom .... ausgesprochenen Überbürdung der Kosten der Wiedereinsetzung in den vorigen Stand auf den Nebenkläger sein Bewenden hat.

Zu den Kosten wäre noch zu bemerken: Die Kostenpflicht des Angeklagten ergibt sich bezüglich der Kosten des Verfahrens und der Strafvollstreckung aus §§ 464, 465, bezüglich der Erstattung der Auslagen des Nebenklägers aus § 471 Abs. 1 mit § 397 StPO. (Löwe § 397 A. 4a); wenn es auch in letzterer Beziehung eines ausdrücklichen Ausspruchs nicht bedürfte, so entspricht diese doch einer ständigen Praxis der Gerichte. Über die Kosten der Wiedereinsetzung hatte schon der die Wiedereinsetzung bewilligende Beschluß zu befinden (§ 473 Abs. 3 StPO.); diese verbleiben dem Nebenkläger endgültig, wobei allerdings zu beachten ist, daß eine Gerichtsgebühr nur noch bei Verwerfung des Wiedereinsetzungsgesuches anfallen würde (§§ 55, 56 Abs. 1 GKG. neuer Fassung).

Staatsprüfung 1926 Mai, I. 10.

I. Das Verfahren gegen die Eheleute Bauer in erster Instanz.

a) Bezüglich des Josef Bauer:

1. Die Verurteilung wegen Übertretung nach § 368 Nr. 4 StGB. ist gerechtfertigt. Diese Übertretung ist ein echtes Unterlassungsdelikt und ein Dauerdelikt, das solange fortverübt wird, als der rechtswidrige Zustand aufrechterhalten wird. Als Dauerdelikt hat sie insofern Ähnlichkeit mit dem fortgesetzten Delikt, als das schuldhafte Verhalten, das nach Erlassung eines auf Strafe lautenden Urteils betätigt wird, nicht mehr Bestandteil der abgeurteilten Straftat sein kann (vgl. Löwe Vorbem. zum 2. Buch, A. 24c, LK. § 368 A. IV 7). Das Verhalten Bauers nach dem 4. April 1924 war also eine neue, auf selbständigem Vorsatz beruhende Straftat, durch ihre Aburteilung wurde der Grundsatz ne bis in idem nicht verletzt. Es liegen auch alle Tatbestandsmerkmale des § 368 Nr. 4 vor: Bauer war Eigentümer des Hauses, der ordnungswidrige Zustand des Ofens war ihm bekannt, er hatte die Mittel, um die Kosten der Instandsetzung zu bestreiten; übrigens würde auch Fahrlässigkeit genügen (LK. § 368 A. IV 2 und 6). Der Amtsrichter hat jedoch die Anwendung des Art. 105 des Bayr. PolStGB. übersehen.

2. Die Freisprechung bezüglich des Vorfalles vom 15. Februar 1925 (Fall II 1): Strafantrag war von Klein form- und fristgerecht gestellt (§ 61 StGB., § 158 Abs. 2 StPO.). Die von Bauer behauptete Tatsache ist wahr, eine Verurteilung aus § 186 StGB. also ausgeschlossen. Gemäß § 192 StGB. ist aber in diesem Falle Bestrafung aus § 185 StGB. möglich, wenn das Vorhandensein, d. h. nach der reichsgerichtlichen Rechtsprechung die Absicht der Beleidigung (LK. § 192 A. 2, § 193 A. 15 bis 17), aus der Form oder den Umständen hervorgeht. Offenbar, weil diese Absicht nicht nachweisbar war, hat

der Amtsrichter freigesprochen, und wohl mit Recht, da der Tatbestand nichts für eine solche Absicht ergibt. Da das Urteil des Amtsrichters nicht im Wortlaute, sondern nur auszugsweise wiedergegeben ist, kann nicht nachgeprüft werden, ob der Amtsrichter in Beachtung des § 267 Abs. 5 StPO. die tatsächlichen oder rechtlichen Gesichtspunkte, die ihn zur Freisprechung veranlaßten, ausreichend dargelegt hat.

3. Die Einbeziehung des Vorfalles vom 1. April 1925 (Fall II 2) war unzulässig, da hierzu sämtliche prozessualen Voraussetzungen fehlten: Klein hatte hierwegen nicht Strafantrag gestellt (§§ 61, 194 StGB.), der Staatsanwalt hatte hierwegen nicht öffentliche Klage erhoben und auch der Eröffnungsbeschluß umfaßte nicht diese selbständige Tat (§§ 151, 155, 264 Abs. 1 StPO.). Eine solche Einbeziehung wäre nur dann möglich gewesen, wenn zwischen den Vorfällen II 1, II 2 und II 3 Fortsetzungszusammenhang bestünde. Für die Annahme eines fortgesetzten Delikts ist aber hier kein Raum; denn hierzu genügt nicht die Wiederholung derselben Straftat, nicht einmal der allgemeine Entschluß des Täters, sich für die Zukunft in bestimmter Weise zu verhalten, vielmehr muß der Täter sich von vornherein einen Gesamterfolg vorgestellt haben, den er durch seine Tätigkeit stückweise verwirklichen will (RGSt. Bd. 51 S. 308, besonders ausführlich LK. Allgem. Einl. B III, I 5 — S. 77ff. —). Bei den Vorfällen II 1 bis II 3 handelt es sich jeweils um selbständige, auf Grund neuen Willensentschlusses ausgeführte Handlungen, bei der Begehung der ersten dachte der Täter überhaupt noch nicht an die folgenden; es liegt also Tatmehrheit nach § 74 StGB. vor.

Aber selbst wenn alle diese prozessualen und sachlichrechtlichen Voraussetzungen gegeben wären, so wäre trotzdem die Aburteilung des Vorfalles II 2 unzulässig: Dieser betraf in erster Linie eine Beleidigung des Schutzmanns Gräßl; soweit darin auch eine solche des Klein gefunden werden könnte, stünde sie, da durch dieselbe Äußerung verübt, mit der Beleidigung des Gräßl notwendig in Tateinheit (§ 73 StGB.). Klein hätte daher gemäß § 375 Abs. 2 StPO. lediglich dem Privatklageverfahren Gräßl gegen Bauer beitreten können; die in letzterem Verfahren mit Urteil vom 24. April 1925 erfolgte rechtskräftige Freisprechung hat nach § 375 Abs. 3 StPO. den völligen Verbrauch des Klagerechts bewirkt, und zwar nicht nur für die anderen Berechtigten, sondern auch für die Staatsanwaltschaft (Löwe Vorbem. z. 2. Buch A. 25b, ferner § 375 A. 3b, 4 und 7). Es ist also der Grundsatz ne bis in idem verletzt.

4. Die Unterlassung der Würdigung des Vorfalles vom 24. April (Fall II 3) verstieß gegen § 244 Abs. 1 StPO.; nachdem diese selbständige Tat in den Eröffnungsbeschluß aufgenommen worden war, mußte sie auch zum Gegenstande der Urteilsfindung gemacht werden.

b) Bezüglich Katharina Bauer:

Daß der Strafantrag trotz Verzichts oder Verzeihung gestellt wurde, hindert weder die Erhebung der Klage noch die Verurteilung. Die Verfolgung eines Antragsdelikts kann nur unterbleiben, wenn der Berechtigte einen Antrag überhaupt nicht stellt oder ihn, soweit zulässig, ordnungsmäßig zurücknimmt; jeder sonstigen Erklärung des Antragsberechtigten kommt für die Frage der Zulässigkeit der Strafverfolgung keinerlei Wirkung zu, weil diese dem öffentlichen Rechte angehört (RG. in Blätter f. Rechtsanw. 1912 S. 480). Eine Ausnahme hiervon bildet nur der nach § 380 StPO. vor der Vergleichsbehörde geschlossene Vergleich, der nach richtiger Ansicht nicht nur das Privatklagerecht, sondern auch das Antragsrecht beseitigt (Löwe § 380 A. 7a). Dieser Fall liegt aber hier nicht vor.

Der Amtsrichter hätte also nicht aus prozessualen Gründen freisprechen dürfen, sondern, da Strafantrag form- und fristgerecht gestellt war, den Tatbestand sachlich prüfen müssen. Wenn er aber schon den Strafantrag für unzulässig hielt, so durfte er nicht auf Freisprechung, sondern nur auf Einstellung des Verfahrens erkennen (§ 260 Abs. 2 StPO.).

II. Das Verfahren in zweiter Instanz.

1. Der Beschluß vom 6. Juli 1925:

Klein konnte sich gemäß § 395 Abs. 1, § 374 Abs. 1 Nr. 2 StPO. der öffentlichen Klage als Nebenkläger anschließen, und zwar auch nach ergangenem Urteil. In der Einlegung eines Rechtsmittels ist die Anschlußerklärung von selbst enthalten (Löwe § 395 A. 7b). Die Anschlußerklärung entsprach der Form des § 396 Abs. 1 StPO. Über die Berechtigung hat das Gericht durch ausdrücklichen Beschluß zu entscheiden (Löwe § 396 A. 3), und zwar, wenn wie hier der Anschluß behufs Einlegung der Berufung erfolgt, das Berufungsgericht (Löwe § 396 A. 2). Bezüglich des Josef Bauer war die Anschlußerklärung und die Berufungseinlegung rechtzeitig innerhalb der noch laufenden Berufungsfrist erfolgt, der Beschluß ist also insoweit in Ordnung. Dagegen ist bezüglich der Katharina Bauer das Urteil mit dem am 24. Juni 1925 rechtsförmlich erklärten Verzicht der Staatsanwaltschaft auf Berufung (§ 302 Abs. 1 StPO.) rechtskräftig geworden und damit auch die Anschlußberechtigung des Nebenklägers erloschen (§ 399 Abs. 2 StPO., Löwe § 399 A. 2). Der Beschluß war also insoweit unrichtig, das Landgericht hätte den Anschluß des Klein in der Richtung gegen Katharina Bauer als unzulässig, weil verspätet, zurückweisen müssen; gleichzeitig hätte es gemäß § 322 StPO. die Berufung des Klein in der Richtung gegen Katharina Bauer als unzulässig, weil verspätet, durch Beschluß verwerfen können (Löwe § 322 A. 1a und 2).

Daß der Beschluß nicht mit Beschwerde angefochten wurde, — deren Zulässigkeit übrigens bestritten ist (Löwe § 396 A. 3) —, ist unerheblich, da er nur deklaratorische Bedeutung hat (bestritten! vgl. Löwe § 397 A. 1a) und für die sachliche Entscheidung des erkennenden Gerichts nicht bindend ist (vgl. auch Löwe § 322 A. 1a).

2. Die Ablehnung des Antrags auf Ladung des Zeugen Müller ist nicht zu beanstanden. Zuständig hierzu war der Vorsitzende (§§ 332, 219 Abs. 1 StPO.); ob er dem Antrag stattgeben will oder nicht, unterliegt seinem pflichtmäßigen Ermessen (Löwe § 219 A. 2), eine Beschwerde gegen die Ablehnung ist gemäß § 305 StPO. ausgeschlossen (Löwe § 219 A. 5). Der Vorsitzende hätte allerdings zweckmäßiger die Ablehnung damit begründen sollen, daß Bauer unterlassen hatte, die Tatsachen anzugeben, über welche der Zeuge vernommen werden sollte (§ 219 StPO.).

3. Der Zeuge Gräßl war nach seiner Vernehmung entlassen worden, er hatte sich auch von der Gerichtsstelle entfernt, seine Entlassung war endgültig und in erkennbarer Weise erfolgt. Eine wiederholte Befragung dieses Zeugen war also eine „nochmalige" Vernehmung im Sinne des § 67 StPO., der Vorsitzende mußte ihn daher, wenn er ihn nicht erneut vereidigen wollte, die Richtigkeit der Aussage unter Berufung auf den früher geleisteten Eid versichern lassen. Wenn hierfür auch bestimmte Worte oder eine feste Formel nicht vorgeschrieben sind (Löwe § 67 A. 9), so ist doch eine bloße Verweisung auf den Eid ungenügend (Löwe § 67 A. 9). Der Vorsitzende hat also gegen diese Prozeßvorschrift verstoßen.

Dagegen brauchte der Vorsitzende den Antrag des Angeklagten Bauer auf nochmalige Beeidigung des Gräßl nicht zu beachten; denn ob der Zeuge nochmals förmlich zu beeidigen oder ob ihm die Versicherung nach § 67 abzunehmen war, steht im Ermessen des Richters.

4. Die Erklärung des Bauer, er bedauere den Zeugen Müller nicht mitgebracht zu haben, war prozessual unbeachtlich. Ein Beweisantrag im Sinne des § 244 Abs. 2 StPO., d. h. das Verlangen, über bestimmte Behauptungen durch Benutzung bestimmter Beweismittel Beweis zu erheben (Löwe § 244 A. 8a), war sie nicht, es entfiel also die Notwendigkeit eines Gerichtsbeschlusses nach § 244 Abs. 2 StPO. Müller war auch nicht vorgeladen — auch nicht vom Angeklagten unmittelbar, wozu er nach § 220 Abs. 1 StPO. berechtigt gewesen wäre —, so daß auch gegen § 245 StPO. nicht verstoßen ist.

5. Die Verurteilung des Josef Bauer wegen eines fortgesetzten statt mehrerer selbständiger Vergehen der Beleidigung bedeutete eine Veränderung des rechtlichen Gesichtspunktes, auf welche der Vorsitzende gemäß § 265 Abs. 1 StPO. den Angeklagten hätte hinweisen müssen (Löwe § 265 A. 3c). Dagegen bedurfte es einer solchen Belehrung nicht zur Verurteilung wegen öffentlich begangener Beleidigung nach § 200 StGB., auch wenn diese Gesetzesbestimmung im Eröffnungsbeschluß nicht angeführt war (Löwe § 265 A. 3a).

III. Die Entscheidung des Berufungsgerichts.

Zu a: Die Berufung ist insoweit zulässig, § 313 StPO. steht nicht entgegen. Dafür, ob das Urteil ausschließlich Übertretungen zum Gegenstande hat, ist nach herrschender Ansicht nicht der Eröffnungsbeschluß, sondern der Richterspruch maßgebend (Löwe § 313 A. 2). Das Urteil hat dann nicht ausschließlich Übertretungen zum Gegenstand, wenn in ihm auch über Vergehen entschieden wird; dies gilt auch dann, wenn das Rechtsmittel auf die Übertretung beschränkt wird (Löwe § 313 A. 3). Die Entscheidung ist gerechtfertigt aus den unter I a 1 der Lösung ausgeführten Gründen, die auch für das Berufungsgericht maßgebend waren.

Zu b: Die Entscheidung ist gerechtfertigt, weil, wie unter II 1 der Lösung ausgeführt, insoweit der Anschluß des Nebenklägers verspätet war. Diese Erwägung war auch für die Strafkammer maßgebend und trägt das Urteil; dagegen ist die weitere Ausführung, der Strafantrag sei wegen Verzichts unzulässig geworden, unrichtig, wie zu I b der Lösung ausgeführt.

Zu c: Die Entscheidung ist nicht zu beanstanden: Auch die Strafkammer hat angenommen, daß eine Beleidigung nicht nachweisbar sei, also offenbar gemäß § 192 StGB. eine Beleidigungsabsicht nicht feststellen können (vgl. oben unter I a 2 der Lösung). Die gesonderte Verwerfung der Berufung wegen des Falles II 1 mußte auch dann ausgesprochen werden, wenn das Gericht, wie geschehen, die sämtlichen Vorfälle als eine fortgesetzte Handlung beurteilte; denn eine teilweise Freisprechung hat auch dann zu erfolgen, wenn der Eröffnungsbeschluß mehrere selbständige Handlungen, das erkennende Gericht dagegen eine fortgesetzte Handlung annimmt, jedoch einzelne Fälle als nicht erwiesen ausscheiden (Löwe § 260 A. 7a).

Zu d: Die Entscheidung ist aus mehreren Gründen zu beanstanden:

1. Auch das Berufungsgericht hat den Fall II 2 mitgewürdigt, was aus den zu I a 3 der Lösung ausgeführten Gründen unzulässig war; es hätte insoweit unter Abänderung des amts-

gerichtlichen Urteils die Einstellung des Verfahrens aus prozessualen Gründen aussprechen müssen, weil es am Strafantrag, an der Klageerhebung und am Eröffnungsbeschluß fehlte und die Strafklage schon verbraucht war (vgl. Löwe § 260 A. 3 Abs. 1, ferner Vorbem. z. 2. Buch A. 15—17).

2. Den Fall II 3 hat die Strafkammer sachlich gewürdigt; die rechtliche Beurteilung, die in erster Linie den Vorsatz einer Beleidigung nach § 185, §186 StGB. verneinte, dann aber vorsorglich ausführte, daß auch eine Absicht der Beleidigung nach § 192 StGB. nicht vorliege, ist nicht zu beanstanden. Die Strafkammer hätte aber aus diesen Gründen die Berufung des Nebenklägers auch bezüglich des Vorfalles II 3 gerade so, wie sie es bei Fall II 1 getan hat, als unbegründet verwerfen müssen und zwar selbst dann, wenn sie mit Recht bei den einzelnen Vorfällen Fortsetzungszusammenhang hätte annehmen können (vgl. oben unter IIIc).

3. Die Einbeziehung der Vorfälle II 4 und II 5 war unzulässig. Die Strafkammer hat diese Fälle als „Fortsetzung der Kundgebungen, von denen mehrere unter Anklage stehen", erklärt; damit hat sie den Begriff des fortgesetzten Delikts verkannt (vgl. oben unter I a 3). Die Zusammenfassung der Fälle II 4 und II 5 unter sich zu einem fortgesetzten Delikt mochte unbedenklich sein, sofern man dem Bauer glaubt nachweisen zu können, daß es ihm schon vom 20. August ab darum zu tun war, von nun an jede Gelegenheit dazu auszunutzen, durch Wiederholung der Erzählung von der Ohrfeige den Klein möglichst im ganzen Städtchen verächtlich und unmöglich zu machen; dagegen ist kein Anhaltspunkt dafür vorhanden, daß ein solcher Vorsatz schon bei dem über ein halbes Jahr früher liegenden Vorfall II 1 bestanden habe; die Fälle II 2 und II 3 können für einen Fortsetzungszusammenhang auch schon deswegen nicht verwertet werden, weil sie, wie die Strafkammer mit Recht ausführt, keine strafbaren Handlungen bilden und weil ein Fortsetzungszusammenhang begrifflich nur bei wirklich begangenen Straftaten möglich ist (Löwe § 260 A. 7a, LK. Allgem. Einl. B III, I 5 dβ — S. 82 —). Die Strafkammer hat sich insoweit auch mit ihren eigenen Fest-

stellungen in Widerspruch gesetzt, da sie ausführt, daß die Fälle II 4 und II 5 „in Ausführung eines und desselben rechtswidrigen Vorsatzes verübt worden seien, dem Bauer auch durch die vorher gewürdigten Äußerungen II 1 bis II 3 Ausdruck gegeben habe", während sie vorher bei Würdigung der Fälle II 2 und II 3 eine Beleidigung überhaupt, damit also auch einen rechtswidrigen Vorsatz ausdrücklich verneint hat.

Es sind hiernach von allen Einzelhandlungen nur die Fälle II 4 und II 5 als allenfalls strafbare Handlungen übrig geblieben; diese Fälle aber wurden weder von der Anklage noch vom Eröffnungsbeschluß umfaßt, sie bilden ganz neue, selbständige Vorgänge, deren sachliche Würdigung gegen den Grundsatz des § 264 Abs. 1 StPO. verstieß. Der Staatsanwalt hätte sie wohl in erster Instanz — wenn sie am 20. Juni 1925 sich schon ereignet gehabt hätten — auf dem Wege des § 266 Abs. 1 StPO. der Aburteilung zuführen können, in der Berufungsinstanz dagegen wäre dieses Verfahren unzulässig (Löwe § 266 A. 11). Die Strafkammer hätte diese Fälle nicht würdigen dürfen, sondern die Berufung des Nebenklägers überhaupt verwerfen müssen.

Nebenbei sei noch bemerkt, daß die Anwendung des § 73 StGB., der in der Urteilsbegründung angeführt ist, auf den Begriff des fortgesetzten Delikts rechtlich verfehlt ist (LK. Allgem. Einl. B III, I 5 — S. 78 —).

IV. Die Aussichten einer Revision.

a) Josef Bauer kann sie mit Erfolg stützen auf:

1. die Verletzung des § 67 StPO. bei der nochmaligen Vernehmung des Zeugen Gräßl, denn die Urteilsgründe lassen nicht erkennen, daß dieser Verstoß einen Einfluß auf die Verurteilung des Bauer nicht gehabt haben könne (Löwe § 337 A. 7b).

2. Die Einbeziehung der Vorfälle II 4 und II 5, denn damit ist sachlichrechtlich der Begriff des fortgesetzten Delikts zuungunsten des Bauer verkannt und gegen die Verfahrensvorschrift des § 264 Abs. 1 StPO. verstoßen.

3. Auf die Unterlassung der Belehrung nach § 265 Abs. 1

StPO., denn auch hier ist die Möglichkeit des Beruhens des Urteils auf der Gesetzesverletzung nach Lage der Sache nicht auszuschließen.

Das Revisionsgericht — in Bayern das Oberste Landesgericht (§ 121 Ziff. 1b GVG., § 9 EG. zum GVG., Art. 167 Ziff. XII Bay. AG. zum BGB.) — wird das angefochtene Urteil, soweit es auf Verurteilung des Bauer wegen Beleidigung lautet, aufheben (§ 353 Abs. 1 StPO.) und kann nach § 354 Abs. 1 StPO. hier in der Sache selbst entscheiden, indem es nämlich bezüglich der Fälle II 4 und II 5 auf Einstellung des Verfahrens aus prozessualen Gründen erkennt und bezüglich des Falles II 3 die von der Strafkammer unterlassene Verwerfung der Berufung des Nebenklägers ausspricht.

Auf die Ablehnung seines Beweisantrags (Zeuge Müller) könnte Bauer die Revision nicht stützen, weil er es unterlassen hat, diesen Antrag in der Hauptverhandlung zu wiederholen (Löwe § 337 A. 7c).

b) Klein kann mit der Revision keinen Erfolg haben:

1. Durch die Freisprechung der Katharina Bauer ist er nicht beschwert, weil schon seine Berufung gegen das amtsgerichtliche Urteil mit Recht als verspätet verworfen wurde.

2. Soweit Josef Bauer verurteilt wurde, ist Klein überhaupt nicht beschwert.

3. Soweit seine Berufung gegen die Freisprechung des Josef Bauer verworfen wurde (Fall II 1), ist die Strafkammer zu ihrer Entscheidung auf Grund tatsächlicher Feststellungen gekommen; diese aber sind vom Revisionsgericht überhaupt nicht nachprüfbar (§§ 261, 337 StPO.). Es ist auch nicht ersichtlich, daß die Strafkammer zu diesen Feststellungen durch Verletzung von Verfahrensvorschriften gekommen wäre.

Staatsprüfung 1925 Mai, I. 7.

Zu I.

Durchsuchung bei der Lieb war zulässig, da sie sich selbst durch ihre unwahren Angaben in den Verdacht der Begünstigung gesetzt hatte (§ 102 StPO.), es war auch bei ihrem Leugnen Gefahr im Verzug, also Durchsuchung durch den Polizeibeamten zulässig (§ 105 StPO.), ebenso die Beschlagnahme des Briefes (§§ 94, 98 StPO.). Lesen dagegen durfte Mayer den Brief nur, wenn die Lieb es gestattet hatte (§ 110 StPO.).

Zu II.

1. Die Erhebung der öffentlichen Klage gegen Bauer durch Antrag auf Voruntersuchung war zulässig (§ 170 Abs. 1, § 178 Abs. 2 Ziff. 1 StPO.) und bezüglich der Brandstiftung sogar notwendig (§ 178 Abs. 1 StPO., § 24 Ziff. 3a, §§ 80, 134 GVG.). Erlassung des Haftbefehls war in Ordnung (§ 112 Abs. 1 und 2 Ziff. 1, §§ 114, 124 Abs. 2 StPO.). Die Beeidigung der Lieb war zulässig (§ 66 Abs. 2 StPO.); selbstverständliche Voraussetzung war aber, daß der Untersuchungsrichter die Lieb nicht der Begünstigung für verdächtig hielt (§ 57 Nr. 3 StPO.).

2. Der Antrag des Staatsanwalts auf Ausdehnung der Voruntersuchung gegen die Lieb war zulässig (vgl. § 191 Abs. 1 und 2 StPO.); sachlich war er die Erhebung einer selbständigen öffentlichen Klage gegen eine andere Person und der Antrag auf Verbindung der beiden Verfahren. Die Verbindung war zulässig (§ 237, 3 und 4 StPO., § 257 StGB.). Die Voruntersuchung war notwendig (§ 178 Abs. 1 StPO., § 24 Ziff. 3a, §§ 80, 134 GVG.).

3. Einreichung der Anklageschrift (§ 198 Abs. 2 StPO.), Eröffnung des Hauptverfahrens (§§ 201, 203, 207 StPO.), und zwar durch das Landgericht (§ 198 Abs. 1 StPO.) vor dem Schwurgericht (§ 209 StPO., § 24 Ziff. 3a, §§ 80, 134 GVG., §§ 1—4 StPO.) entsprachen den angeführten Bestimmungen.

4. Ob die Anträge auf Voruntersuchung, die Anklageschrift und der Eröffnungsbeschluß die einzelnen Straftaten materiell-rechtlich richtig qualifizierten, ist hier noch nicht zu prüfen, denn die Angeklagten hatten hierwegen kein Anfechtungsrecht (§§ 181 Abs. 1, 210 Abs. 1 StPO.) und das Urteil beruhte nicht auf einem etwa hier vorliegenden Mangel (§ 336 StPO., vgl. auch Löwe § 336 A. 1—3).

Zu III.

Vorbemerkung:

Gegen die ausgebliebene Lieb konnte nicht verhandelt werden (§ 230 StPO.). Daß das Gericht in die Verhandlung nur gegen Bauer eintrat, war sachlich eine Trennung der beiden bisher verbundenen Strafverfahren. Hierzu bedarf es nach § 4 StPO. eines Gerichtsbeschlusses. Eine vorherige Anhörung der Prozeßbeteiligten ist hierzu nicht notwendig, die Trennung kann auch durch schlüssige Handlung erfolgen, wie z. B. hier, indem in die Verhandlung gegen den erschienenen Mitangeklagten eingetreten wird (Löwe § 4 A. 6).

1. Die Vernehmung des Untersuchungsrichters als Zeugen über das Ergebnis des Augenscheins war zulässig (Löwe § 249 A. 7c), sie war hier auch zweckmäßig und geboten; denn das Augenscheinsprotokoll, das an sich in der Hauptverhandlung verlesen werden darf (§ 249 StPO.), wies in der fehlenden Unterschrift einen wesentlichen Mangel auf, der seine Verlesung als Beweismittel ausschloß und ihm die Beweiskraft unbedingt entzog (Löwe § 188 A. 8, § 249 A. 7b). Da der Untersuchungsrichter offenbar ordnungsmäßig vorgeladen war, mußte er sogar vernommen werden, sofern nicht alle Prozeßbeteiligten auf die Vernehmung verzichteten (§ 245 StPO.); hiernach hätte seine Vernehmung auch vollständig durchgeführt werden müssen und das Gericht hätte den Antrag auf Aufnahme des Augenscheines, über den es nach pflichtmäßigem Ermessen entscheiden konnte (Löwe § 244 A. 14), ablehnen können. Daß das Gericht auf Grund des Beschlusses selbst Augenschein einnahm, kann den Bauer nicht beschweren, weil hierüber das Ermessen des Tatrichters entscheidet; zudem hatte dies der Verteidiger selbst beantragt.

2. Der Beschluß auf kommissarische Vernehmung der Zeugin Hölzl war gemäß § 223 StPO. zu Recht ergangen; er war von der Strafkammer gefaßt worden, also nach Eröffnung des Hauptverfahrens oder frühestens gleichzeitig mit dieser. Der Tatbestand enthält keine Anhaltspunkte dafür, daß die Vorschriften des § 224 StPO. nicht beachtet worden wären. Die Verlesung eines solchen Protokolls in der Hauptverhandlung an Stelle der unmittelbaren Vernehmung des Zeugen ist statthaft, wenn der Grund, der zur kommissarischen Vernehmung geführt hatte, noch fortbesteht (§ 251 Abs. 2 und 3 StPO.). Hat das Gericht in dieser Beziehung keinen Anlaß zu zweifeln, so bedarf es keiner Erhebungen, ob der Grund inzwischen weggefallen sei (Löwe § 251 A. 10). Die Vorschrift des § 223 stellt es nur darauf ab, daß der Zeuge nicht vor das erkennende Gericht kommen kann, nicht aber auch darauf, daß das erkennende Gericht sich nicht an den Aufenthaltsort des Zeugen begeben könne; hiernach bildet auch der Umstand, daß das Gericht hier zur Aufnahme des Augenscheins in die Wohnung der Zeugin Hölzl kommen wird, keinen Anlaß zur persönlichen Vernehmung der Zeugin dortselbst und kein Hindernis zur Verlesung des Protokolls nach § 251. Der Gerichtsbeschluß auf Verlesung geht daher, vorausgesetzt, daß § 251 Abs. 3 StPO. beobachtet wurde, in Ordnung, ebenso die Verlesung selbst.

3. Bei dem Zeugen Huber kommt die Vorschrift des § 57 Nr. 3 StPO. in Frage: Tat und Teilnehmer ist hier in weitestem Sinne zu verstehen; Tat bedeutet den ganzen Vorgang, innerhalb dessen der Erfolg herbeigeführt wurde, Teilnehmer ist jeder, der in strafbarer Weise in der Richtung auf denselben Erfolg wie der Angeklagte tätig geworden ist (Löwe § 57 A. 12a); Teilnahme in diesem Sinne liegt auch dann vor, wenn eine die Täterschaft des Angeklagten ausschließende Alleintäterschaft des Zeugen in Frage steht (Löwe § 57 A. 12a letzter Abs.).

Darüber, ob ein Zeuge der Teilnahme verdächtig sei, entscheidet das Ermessen des Gerichts (Löwe § 57 A. 13a). Huber durfte daher, trotzdem die Lieb früher unter Eid bekundet hatte, daß er am Abend des 1. März die Schupfe betreten habe, beeidigt werden, wenn das Gericht seiner gegenteiligen Aussage vor dem Untersuchungsrichter Glauben schenkte. Die Sachlage änderte sich aber dadurch, daß Huber nach seiner Vereidigung zugab, daß er die Schupfe betreten habe, und dadurch, daß der Vorsitzende durch die Belehrung nach § 55 StPO. selbst zu erkennen gab, daß jetzt der Verdacht der Teilnahme bestehe; der Vorsitzende hätte daher anordnen müssen, daß die Beeidigung des Huber als nicht erfolgt zu gelten habe und dessen ganze Aussage als eine uneidliche zu würdigen sei (Löwe § 57 A. 7). Wenn nun auch grundsätzlich die Frage, ob der Zeuge der Teilnahme verdächtig sei, der Nachprüfung des Revisionsberichts nach der tatsächlichen Seite hin entzogen ist (Löwe § 337 A. 2b Abs. II, RGSt. Bd. 56 S. 150), so ergibt doch hier gerade die aus dem Sitzungsprotokoll nachweisbare Belehrung nach § 55 im Zusammenhalt mit der Urteilsbegründung, daß Huber dem Gericht der Teilnahme verdächtig erschien. Die gleichwohl aufrechterhaltene Beeidigung und die Würdigung der Aussage des Huber in der Urteilsbegründung als *eidliche* verletzt das Gesetz, nämlich § 57 Nr. 3 StPO., und begründet bei einer ausdrücklich darauf gestützten Revision des Bauer die Aufhebung des auf die Brandstiftung bezüglichen Teils des Urteils (Löwe § 57 A. 7, ferner A. 13b a. E.), und zwar mitsamt den insoweit zugrundeliegenden Feststellungen (§§ 337, 344 Abs. 2, 352, 353 Abs. 2 StPO.). Der Umstand, daß von keinem Prozeßbeteiligten angeregt wurde, die Aussage als uneidliche zu würdigen, hat keine Bedeutung, weil § 57 Nr. 3 von Amts wegen zu beachten ist. Mit der Aufhebung bezüglich der Brandstiftung wird dann auch die vom Schwurgericht gebildete Gesamtstrafe hinfällig.

4. Nach §§ 230—234 StPO. ist die Anwesenheit des Angeklagten grundsätzlich während der ganzen Hauptverhandlung notwendig. Der hier vom erkennenden Gericht selbst vorgenommene Augenschein bildete ein Stück der Beweisaufnahme und damit einen Teil der Hauptverhandlung. Der Vorsitzende oder das Gericht sind nicht befugt, den Angeklagten von der Verpflichtung zu entbinden, bestimmten Teilen der Hauptverhandlung anzuwohnen (Löwe § 231 A. 5), auch ein Verzicht des Angeklagten auf Anwesenheit bei der Vornahme des

Augenscheins ist unzulässig (Löwe § 230 A. 3); der Ausnahmefall des § 231 Abs. 2 StPO. liegt nicht vor, weil dieser ein eigenmächtiges Handeln des Angeklagten voraussetzt. Dieser Verstoß begründet die Revision auf Grund des § 338 Nr. 5 StPO. und führt zur Aufhebung des Urteils samt den Feststellungen, und zwar sowohl bezüglich des Diebstahls als auch der Brandstiftung, da der Augenschein sich auf beide Straftaten beziehen konnte. Es hätte dem Gericht allerdings auch freigestanden — und zwar auch noch während der Hauptverhandlung —, den Augenschein durch eines der drei richterlichen Mitglieder als beauftragten Richter vornehmen zu lassen und das hierüber aufgenommene Protokoll in der Hauptverhandlung zu verlesen (RGSt. Bd. 20 S. 149); diese Form wurde aber hier nicht gewählt, wie sich schon daraus ergibt, daß der Tatbestand der Aufgabe von der Verlesung eines solchen Protokolles nichts erwähnt.

5. Der Antrag des Angeklagten und des Verteidigers auf Freisprechung bezüglich der Entwendung der Schmucksachen war unbehelflich, da der Eröffnungsbeschluß hinsichtlich aller Objekte nur ein einheitliches Verbrechen des Diebstahls angenommen hatte.

Daß der Angeklagte nicht das letzte Wort gehabt hätte (§ 258 Abs. 2 StPO.), ist der Aufgabe nicht zu entnehmen.

Die Aussetzung der Verkündung des Urteils um eine Woche war gemäß § 268 Abs. 1 StPO. zulässig.

Zu IV.

Die Ansetzung der Verhandlung gegen Kreszenz Lieb nach Schluß der Verhandlung gegen Bauer ist ohne Bedenken. Soweit überhaupt eine nochmalige förmliche Ladung der Lieb erforderlich war, ist der Mangel einer solchen durch widerspruchslose Einlassung der Lieb auf die Verhandlung geheilt (vgl. auch § 217 Abs. 2 StPO.).

1. Briefe sind Schriftstücke im Sinne des § 249 StPO. Bei ihrer Verlesung kommt es auf den Zweck der Maßregel an. Sie ist unzulässig, wenn sie die Vernehmung des Briefschreibers ersetzen soll, die Verlesung darf nicht dazu miß-

braucht werden, die durch § 250 StPO. vorgeschriebene Vernehmung des Briefschreibers zu umgehen (Löwe § 249 A. 3a). Im vorliegenden Falle war der Brief schon vorher zur Kenntnis des Gendarmeriewachtmeisters Mayer gekommen und dieser hat bei seiner Vernehmung in der Hauptverhandlung dessen Inhalt bereits als Teil seiner Zeugenaussage wiedergegeben. Das Gericht war daher befugt, durch Verlesung des Briefes festzustellen, ob Mayer seine Aussage richtig gemacht habe, und war daran auch dadurch nicht gehindert, daß der Briefschreiber sein Zeugnis mit Recht verweigert hatte (Löwe § 249 A. 3a). Die Vorschrift des § 252 StPO. stand der Verlesung des Briefes überhaupt nicht entgegen, da diese sich nur auf „Aussagen", also auf Erklärungen bei einer förmlichen Vernehmung als Zeuge bezieht (Löwe § 252 A. 6). Ist aber die Verlesung eines Briefes zulässig gewesen, so ist das Gericht nach dem Grundsatze der freien Beweiswürdigung (§ 261 StPO.) nicht gehindert, aus dem Briefe Schlüsse zu ziehen, die über den Zweck der Verlesung hinausgehen (Löwe § 249 A. 3a); daher durfte auch das Urteil den Brief der Rasch als Überführungsmittel gegen die Lieb verwerten.

2. Die Aussetzung der Urteilsverkündung war auch hier zulässig (§ 268 StPO.).

Zu V.

a) Durch den Eintritt in die Verhandlung gegen Bauer waren die Verfahren gegen Bauer und gegen Lieb getrennt worden (vgl. Vorbem. zu III.); die Zusammenfassung der beiden Verkündungstermine in einen einheitlichen Akt und die Erlassung und Verkündung eines gemeinsamen Urteils bedeutet sachlich eine Wiederverbindung. Eine solche kann zwar gemäß § 237 StPO. vom Gericht beschlossen werden, und zwar auch noch während der Hauptverhandlung (Löwe § 237 A. 2b), aber immer nur zum Zwecke gleichzeitiger Verhandlung gegen beide Angeklagte. Eine Verbindung lediglich zur Verkündung der Entscheidung ist daher unzulässig. Die Revision kann aber darauf nicht gestützt werden, denn es ist auch nicht einmal eine bloße Möglichkeit dafür ersichtlich, daß das

Urteil gegen Bauer oder Lieb auf dieser Verbindung als solcher beruhe (Löwe § 337 A. 7b).

b) Der Hinweis des Angeklagten Bauer auf die Veränderung des rechtlichen Gesichtspunktes war an sich gemäß § 265 StPO. geboten und wurde auch dadurch nicht überflüssig, daß § 309 StGB. ein milderes Gesetz ist als die im Eröffnungsbeschluß angenommene vorsätzliche Brandstiftung (Löwe § 265 A. 3d). Wenn auch ein Zeitpunkt für den Hinweis aus § 265 nicht vorgeschrieben ist und dieser bis zur Urteilsverkündung erfolgen kann, so ist doch zu beachten, daß die Hinweisung noch ein Teil der Hauptverhandlung selbst ist, so daß also die Verhandlung förmlich wieder aufgenommen werden muß, wenn sich ein Anlaß zur Hinweisung erst bei der Urteilsberatung ergibt (Löwe § 265 A. 6a). Die in der Hinweisung liegende Fortsetzung der Hauptverhandlung verstieß somit gegen § 229, es hätte die ganze Hauptverhandlung erneuert werden müssen (Löwe § 229 A. 6). Doch ist der Verstoß gegen § 229 kein absoluter Revisionsgrund (Löwe § 229 A. 7), sondern nur nach Maßgabe des § 337 Abs. 1 StPO. Im vorliegenden Fall ist auch die bloße Möglichkeit, daß die Nichteinhaltung der Frist des § 229 einen Einfluß auf das Urteil gegen Bauer gehabt haben könne, zu verneinen; denn das tatsächliche Vorbringen des Bauer auf die Anklage wegen Brandstiftung ging von Anfang an auf die Möglichkeit einer fahrlässigen Begehung und Bauer wie auch sein Verteidiger hätte auf eine schon am 1. Mai erfolgte Hinweisung gemäß § 265 die Verteidigung auch nicht anders und nicht wirkungsvoller führen können als wie geschehen; am 8. Mai aber haben beide auf weitere Ausführungen ausdrücklich verzichtet.

c) Das Urteil gegen Bauer:

1. Daß die Feststellung des Diebstahls der Schmucksachen auf die Aussage der Zeugin Hölzl gegründet wurde, ist nicht zu beanstanden, denn die Verlesung des Protokolls über die kommissarische Vernehmung war, wie unter III. 2. erörtert, zulässig und erfolgte unter Beobachtung der vorgeschriebenen Förmlichkeiten.

2. Die Anwendung des § 243 Nr. 2 StGB. auf den fest-

gestellten Sachverhalt ist ohne Bedenken. Dagegen ist der weitere Erschwerungsgrund des § 243 Nr. 7 nicht gegeben, weil Bauer nicht in die Schupfe oder den Stall, sondern erst, wie es wörtlich heißt, vom Stall in das Wohnhaus sich eingeschlichen hat. Man wird nämlich bei § 243 Nr. 7 ebenso wie bei Nr. 2 (vgl. hierzu LK. § 243 A. III zu Nr. 3 A. 5 — S. 775 —) nach dem Wortlaut des Gesetzes verlangen müssen, daß das Einschleichen von außen erfolgen muß und daß ein innerhalb desselben Raumes bewirktes Hinüberschleichen von einer Abteilung zur anderen nicht genügt; Wohnhaus und Stall des Hölzl sind aber, da unter demselben Dache befindlich, als ein Gebäude anzusehen.

Dieser sachlich-rechtliche Mangel des Urteils wird, wenn Bauer bei der Revision auch nur allgemein Verletzung des materiellen Rechtes rügt (§ 344 Abs. 2 StPO.), zu einem Ausspruch des Revisionsgerichts führen, daß die Verurteilung aus § 243 Nr. 7 StGB. in Wegfall zu kommen hat. Ein solches „Durcherkennen" durch das Revisionsgericht ist zulässig in entsprechender Anwendung des § 354 Abs. 1 StPO., es bedarf hier im Schuldspruch nicht der Aufhebung und Zurückverweisung; ob dieser Mangel des Urteils auch auf die Höhe der erkannten Strafe eingewirkt hat und demgemäß die Verurteilung wegen Diebstahls aus § 243 Nr. 2 StGB. im Strafausspruch aufzuheben ist, kann dem Sachverhalt der Aufgabe nicht entnommen werden.

3. Die Verurteilung wegen fahrlässiger Brandstiftung ist materiellrechtlich bedenkenfrei. Die darauf bezüglichen tatsächlichen Feststellungen sind der Nachprüfung des Revisionsgerichts entzogen. Daß dagegen die Verwertung der eidlichen Aussage des Huber die Revision begründet, wurde unter III. 3. schon erörtert.

d) Das Urteil gegen Lieb.

1. Infolge der Trennung der beiden Verfahren war Bauer nicht mehr Mitangeklagter der Lieb, als die Verhandlung gegen letztere durchgeführt wurde; das „Geständnis" des Bauer bezüglich der zur Lieb gemachten Äußerung war also nicht in der Verhandlung gegen die Lieb erfolgt, insbesondere hat auch

das Gericht der Lieb keine Gelegenheit gegeben, sich zu diesem Geständnis in Gegenwart des Bauer zu verteidigen. Das Gericht hat also mit diesem „Geständnis" eine Tatsache zur Urteilsfindung verwertet, die nicht zum Inbegriff der Verhandlung gehörte, und dadurch den Grundsatz des § 261 StPO. verletzt. Da hierauf das Urteil ganz zweifelsfrei beruht (§ 237 StPO.), unterliegt es auf Revision der Lieb der Aufhebung mitsamt den Feststellungen (§§ 353, 354 StPO.).

2. Das Urteil hat rechtsirrtümlich die Anwendung des Strafermäßigungsgrundes aus § 157 Nr. 1 StGB. unterlassen: Hätte die Lieb bei ihrer eidlichen Vernehmung dem Untersuchungsrichter wahrheitsgemäß angegeben, daß ihr Bauer die drohenden Äußerungen gemacht hatte, so hätte sie damit zugeben müssen, daß sie dem Gendarmeriewachtmeister Mayer bewußt falsche Angaben gemacht hatte; damit hätte der Verdacht nahegelegen, daß sie nur deswegen geleugnet habe, um den Bauer der Bestrafung zu entziehen; man würde dann ihrer Versicherung, sie habe den Bauer für unschuldig gehalten, vielleicht keinen Glauben geschenkt haben. Es hätte also die Angabe der Wahrheit eine Verfolgung der Lieb wegen Begünstigung nach § 257 StGB. nach sich ziehen können. Mehr als die M ö g l i c h k e i t einer V e r f o l g u n g verlangt das Gesetz nicht, insbesondere nicht die objektiven und subjektiven Voraussetzungen für eine V e r u r t e i l u n g; man kann also die Anwendbarkeit des § 157 Nr. 1 StGB. nicht mit dem Hinweis darauf verneinen, daß die Lieb tatsächlich den Bauer für unschuldig gehalten, mithin eine Begünstigung gar nicht begangen habe. Ob der Schwörende überhaupt wußte, die Angabe der Wahrheit könne ihm eine Strafverfolgung zuziehen, ist gleichgültig (LK. § 157 A. 1).

Dieser sachlich-rechtliche Verstoß begründet die Revision. Wird ein Urteil wegen Meineids lediglich deswegen aufgehoben, weil die Anwendung des § 157 unterblieben ist, so kann es im S c h u l d s p r u c h aufrechterhalten werden (Löwe § 353 A. 3a).

3. Daß das Schwurgericht die Lieb nicht auch wegen Begünstigung verurteilte, war richtig; denn ein Beweis dafür, daß

sie den Bauer für schuldig gehalten habe, war nicht zu erbringen, nach dem Sachverhalt war sie vom Gegenteil überzeugt. Da im Eröffnungsbeschluß Tateinheit zwischen Meineid und Begünstigung angenommen war, hatte eine eigene Freisprechung hinsichtlich der Begünstigung im erkennenden Teile des Urteils zu unterbleiben (Löwe § 260 A. 7a); es war vielmehr nur, wie tatsächlich geschehen, in den Gründen auszuführen, warum eine Begünstigung nicht angenommen wurde.

Staatsprüfung 1926 Mai, I. 8.

Zu 1 und 3:

a) Alma Fichtner war zwar bei Leistung des Meineids noch jugendlich (§ 1 JugendGG.), nicht mehr aber zur Zeit der durch Antrag auf Voruntersuchung erhobenen (§ 170 StPO.) öffentlichen Klage. Gemäß § 17 Abs. 2 JugendGG. hatte es der Staatsanwalt in der Wahl, insoweit die Sache beim Jugendgericht oder aber beim Schwurgericht (§ 24 Ziff. 3a, § 80, § 134 GVG.) anhängig zu machen und damit die Zuständigkeit des einen oder des anderen Gerichts zu begründen. Bei Verübung der Kindstötung war die Fichtner nicht mehr jugendlich, insoweit war also ausschließlich das Schwurgericht zuständig. Der Antrag des Verteidigers auf Verweisung vor das Jugendgericht ist daher mit Recht abgelehnt worden. Der Antrag war an sich auch nach Verlesung des Eröffnungsbeschlusses noch zulässig, da § 16 StPO. sich nur auf den Einwand der örtlichen Zuständigkeit bezieht (Löwe Vorbem. zu §§ 16—18 A. 1), während die sachliche Zuständigkeit gemäß § 6 StPO. in jeder Lage des Verfahrens von Amts wegen zu prüfen ist, ein Grundsatz, der erst in der Hauptverhandlung eine Einschränkung durch § 269 StPO. erfährt.

b) Bezüglich des zur schwurgerichtlichen Zuständigkeit gehörenden Verbrechens der Kindstötung wäre die Voruntersuchung notwendig gewesen (§ 178 Abs. 1 StPO.). Den Mangel derselben kann aber der Angeklagte nur auf dem Wege des § 201 Abs. 2 StPO. geltend machen. Fichtner hätte also auf die ihr zugestellte Anklageschrift die Nachholung der Voruntersuchung beantragen müssen und hätte gegen einen dies ablehnenden Beschluß bzw. gegen den ihren Antrag stillschweigend übergehenden Eröffnungsbeschluß sofortige Beschwerde gemäß § 201 Abs. 2 Satz 3 mit § 183 StPO. erheben können; im Wege der Revision dagegen kann dieser Mangel nicht mehr geltend gemacht werden (Löwe § 178 A. 1b, § 201 A. 9 und 14).

Zu 2.:

Nach § 140 Abs. 1 StPO. ist in Schwurgerichtssachen die Verteidigung notwendig; nach § 140 Abs. 4 war ein Verteidiger — wie wohl geschehen — spätestens bei Zustellung der Anklageschrift zu bestellen. Nach § 218 StPO. mußte er zur Hauptverhandlung geladen werden. Die Bestellung eines anderen Verteidigers nach § 145 StPO. setzt voraus, daß der ursprüngliche Verteidiger ordnungsgemäß geladen war (Löwe § 145 A. 2 a. E.); das Nichterscheinen wegen unterlassener Ladung ist kein „Ausbleiben". War die Ladung des Verteidigers, gleichgültig ob es sich um einen bestellten oder einen gewählten Verteidiger handelt, zu Unrecht unterlassen worden und hat gleichwohl eine Hauptverhandlung stattgefunden, so begründet das die Revision (Löwe § 218 A. 3), weil der Verteidiger in den Fällen der notwendigen Verteidigung zu den Personen gehört, deren Anwesenheit das Gesetz vorschreibt (§ 338 Ziff. 5, § 140, § 145 StPO.). Hieran vermag auch der Umstand nichts zu ändern, daß die Fichtner mit der Bestellung eines neuen Verteidigers einverstanden war; denn hierbei ging sie und das Gericht von der falschen Vorstellung aus, daß der ursprüngliche Verteidiger — dessen Nichtladung sich erst nach der Verhandlung herausstellte — „ausgeblieben", mithin die Voraussetzung des § 145 StPO. gegeben sei; in dem Einverständnis der Angeklagten liegt also hier kein Verzicht auf das Recht auf Ladung des gewählten Verteidigers.

Die Revision führt hier zur Aufhebung des Urteils in vollem Umfange.

Zu 4:

Nachdem das Gericht durch die beschlußmäßige Anordnung der Vernehmung des Zeugen Müller zu erkennen gegeben hatte, daß es die zu beweisende Tatsache für erheblich hielt, genügte es nicht, daß hinterher lediglich vom Vorsitzenden mitgeteilt wurde, die Ladung sei nicht ausführbar; vielmehr hätte das Gericht selbst beschlußmäßig zur veränderten Sachlage und zur Frage des weiteren Vollzugs seines Beschlusses Stellung nehmen müssen. Das Gericht kann nicht ein von ihm einmal als notwendig anerkanntes Beweismittel einfach wieder fallen lassen. Das Verhalten des Gerichts kommt so im Ergebnis der verfahrenswidrigen Ablehnung des Beweisantrags gleich und begründet die Revision, da nicht auszuschließen ist, daß das Urteil auf diesem Verstoße nicht beruhe (§ 244 Abs. 2, § 337 StPO.). Darin, daß der Verteidiger auf die Mitteilung des Vorsitzenden keine Erklärung abgab, kann ein Verzicht des Verteidigers oder der Angeklagten nicht erblickt werden. Die Revision ist daher begründet (vgl. RGSt. Bd. 57 S. 156), und zwar in vollem Umfange.

Zu 5:

Nach § 61 StPO. war es zulässig, die Beeidigung des Zeugen Gruber zunächst auszusetzen; ob hierfür „besondere Gründe" vorliegen, unterliegt dem richterlichen Ermessen und ist nicht vom Revisionsgericht nachprüfbar (Löwe § 61 A. 3b). Ob Gruber auch zum Tatsachenkomplex des Meineides vernommen wurde, läßt der Sachverhalt nicht ersehen; war dies der Fall und stand — wie wohl anzunehmen — der Meineid mit der Kindstötung nicht in innerem, sachlichem Zusammenhang, so mußte Gruber auf seine auf den Meineid bezügliche Aussage auf jeden Fall vereidigt werden (Löwe § 57 A. 11b, vgl. auch RGSt. Bd. 49 S. 359). Aber auch zum Tatsachenkomplex der Kindstötung mußte Gruber beeidigt werden; denn wenn auch die Begriffe „Tat" und „Teilnehmer" bei § 57 Nr. 3 StPO. in weitestem Sinne zu verstehen sind und wenn auch Gleichartigkeit der vom Angeklagten und der etwa vom Zeugen begangenen Straftat nicht erfordert wird (Löwe § 57 A. 12a), so ist doch ein während der Schwangerschaft gegen die Frucht im Mutterleibe gerichteter Angriff von einem erst in oder nach der Geburt gegen das lebende Kind gerichteten Angriff auch nach der rein tatsächlichen Seite völlig verschieden; der Abtreibungsversuch mußte naturgemäß schon abgeschlossen sein, als die auf die Kindstötung zielenden Handlungen einsetzten. Auf die Beeidigung des Gruber kann daher die Revision nicht gegründet werden.

Zu 6:

Wenn auch nach § 176 GVG. die Aufrechterhaltung der Ordnung in der Sitzung dem Vorsitzenden obliegt, so bedarf es doch zur Verhängung bestimmter Maßnahmen stets einer beschlußmäßigen Entscheidung des Gerichtes, insbesondere steht nach § 177 GVG. und § 247 Abs. 2 StPO. die Anordnung der zeitweiligen Entfernung des Angeklagten wegen ordnungswidrigen Benehmens nur dem Gerichte selbst zu; diese Maßregel erfordert einen Gerichtsbeschluß, der mit Gründen zu verkünden ist und nach § 33 StPO. die Anhörung des Angeklagten voraussetzt (Löwe § 247 A. 1). Da ein solcher hier nicht ergangen ist, ist der Grundsatz, daß die Anwesenheit des Angeklagten während der ganzen Verhandlung notwendig ist, verletzt und der unbedingte Revisionsgrund des § 338 Ziff. 5 gegeben (Löwe § 230 A. 3, § 338 A. 12). Im Zweifel ist anzunehmen, daß sich die Vernehmung der inzwischen gehörten Zeugen auf beide Verbrechen bezog, so daß also der Verstoß das ganze Urteil ergreift und dieses im vollen Umfange der Aufhebung unterliegt.

Dagegen könnte die Revision — falls die Entfernung der Angeklagten ordnungsmäßig durch Beschluß angeordnet gewesen wäre — nicht darauf gestützt werden, daß ihr Antrag auf nochmalige Ladung und Vernehmung der während ihrer Entfernung vernommenen Zeugen abgelehnt wurde; denn der wieder vorgelassene Angeklagte darf das ihm nach § 240 StPO. zustehende Fragerecht nur insoweit ausüben, als die Vernehmung des Zeugen noch nicht beendet ist; auf eine Wiederholung der bereits erschöpfend durchgeführten Vernehmung, also auch auf nochmalige Ladung der schon entlassenen Zeugen hat er kein Recht (Löwe § 247 A. 6). Anders wäre es, wenn die Angeklagte auf Grund der ihr vom Vorsitzenden gemäß § 247 Abs. 1 Satz 2 StPO. gemachten Mitteilung neue Beweisanträge gestellt, d. h. die Vernehmung der entlassenen Zeugen über neue, beweiserhebliche Tatsachen beantragt hätte; das aber hat sie nicht getan.

Zu 7:

In Frage kommt hier eine Verletzung des § 251 StPO. Zunächst könnte die Begründung des ablehnenden Beschlusses, nämlich daß die Geisteskrankheit des Zeugen sich aus einem Aktenvermerk ergebe, Bedenken insofern erregen, als man unter Berufung auf § 250 Satz 1 StPO. und den allgemeinen Grundsatz des § 261 StPO. (Urteilsfindung nur „aus dem Inbegriff der Verhandlung") zu der Auffassung kommen könnte, das Gericht hätte das frühere Vorhandensein einer Geisteskrankheit des Zeugen nur durch persönliche Vernehmung des Untersuchungrichters in der Hauptverhandlung feststellen dürfen. Dem ist jedoch nicht so; denn die für die Mündlichkeit und Unmittelbarkeit des Verfahrens gegebenen Vorschriften beziehen sich nur auf die Schuld- und Straffrage, nicht aber auf die Feststellung von Prozeßvoraussetzungen oder von Voraussetzungen für einzelne Prozeßhandlungen; hierbei ist vielmehr das Gericht an keine gesetzlichen Schranken gebunden (Löwe § 250 A. 2, ferner Vorbem. vor § 226 A. 5b). Das Zurückgreifen des Gerichts auf die Akten zum Zwecke der Feststellung, ob die Voraussetzungen für die Anwendung des § 251 Abs. 1 StPO. gegeben seien, bildet also keinen Verfahrensverstoß.

Dagegen hat das Gericht die rechtlichen Voraussetzungen der Anwendbarkeit des § 251 StPO. verkannt; denn der Umstand, daß der Zeuge schon zur Zeit der früheren Vernehmung geisteskrank war, steht der Verlesung des Protokolls nicht entgegen (Löwe § 251 A. 5b). Sind aber die rechtlichen Voraussetzungen des § 251 StPO. gegeben, so muß das Gericht einem hierauf gerichteten Antrag stattgeben; denn der Ausdruck „kann" in Abs. 1 dortselbst bedeutet nicht, daß die Verlesung im Ermessen des Gerichtes stehe, sondern daß sie zugelassen werden muß, sofern ihre gesetzlichen Voraussetzungen vorliegen (Löwe § 251 A. 2a).

Nun fragt es sich aber, ob auf diesen Verstoß die Angeklagte sich berufen kann, da hier der Antrag vom Staatsanwalt gestellt war und auf dessen Anträge § 338 Nr. 8 nur Anwendung findet, wenn sich — was nicht der Fall war — der Angeklagte ihnen angeschlossen hat oder wenn — was nicht ersichtlich ist — der Antrag vom Staatsanwalt zugunsten des Angeklagten gestellt war (Löwe § 338 A. 18d). Es läßt sich auch nicht feststellen, ob das Protokoll ein „beigeschafftes" Beweismittel im Sinne des § 245 Abs. 1 Satz 1 StPO. und damit ein gemeinschaftliches Beweismittel ist; denn es ist nicht ersichtlich, ob der

Staatsanwalt, als er von der Unmöglichkeit, den Zeugen Werner persönlich zu laden, erfuhr, rechtzeitig und rechtsförmlich (§ 246 Abs. 2 StPO.) das Protokoll als Beweismittel an Stelle des Zeugen benannt hatte. Allein darauf ist kein entscheidendes Gewicht zu legen; denn gerade aus der Ausnahmevorschrift des § 251 StPO. ergibt sich, daß das richterliche Protokoll die Person des Zeugen ersetzen soll und in dem Augenblick auch ersetzt, wo sich die Notwendigkeit oder Zulässigkeit der Anwendung des § 251 ergibt. Sobald daher ein Prozeßbeteiligter den Antrag aus § 251 stellt, wird das Protokoll ein gemeinschaftliches Beweismittel, auf dessen Erhebung die Bestimmungen des § 245 Abs. 1 Satz 3 StPO. anzuwenden ist. Da ein Verzicht aller Prozeßbeteiligten, insbesondere der Angeklagten, nicht erklärt ist, hatte die Angeklagte ein Recht auf Verlesung des Protokolls. Die Nichtverlesung kann auf das Urteil Einfluß gehabt haben, das Urteil beruht also auf dieser Gesetzesverletzung (§ 337 StPO.). Dem kann auch nicht entgegengehalten werden, daß das Gericht wahrscheinlich auf die Aussage eines geisteskranken Zeugen nichts gegeben haben würde.

Die Revision ist daher begründet, und zwar hinsichtlich beider Verurteilungen, da aus Sitzungsprotokoll und Urteil nicht zu ersehen ist, daß sich die Aussage nur auf eine der beiden Straftaten und auf welche der beiden bezog.

Zu 8:

a) Nach § 254 Abs. 1 StPO. dürfen nur richterliche Protokolle verlesen werden; das schließt aber nicht aus, daß dem Angeklagten aus polizeilichen Protokollen Vorhalte gemacht werden, es ist sogar zulässig, daß solche Protokolle oder mindestens Teile derselben zum Zwecke des Vorhalts auch förmlich verlesen werden (Löwe § 254 A. 6). Die Verlesung als solche zum Zwecke des Vorhalts ist also nicht zu beanstanden. Wenn aber der Vorhalt nicht zum Erfolge führt, d. h. wenn der Angeklagte auf den Vorhalt hin nicht seine frühere Aussage bestätigt, sondern ausdrücklich bestreitet oder auch nur bezweifelt, daß er sie so abgegeben habe, so darf jene Aussage nicht bei der Urteilsfindung benutzt werden (Löwe § 254 A. 6 a. E.).

Die Revision ist daher begründet (§ 337 StPO.), und zwar — mangels näherer Angaben über den Inhalt der Aussage — bezüglich beider Schuldsprüche.

b) Das Schulzeugnis ist die Erklärung einer öffentlichen Behörde im Sinne des § 256 Abs. 1 StPO.; soweit es aber Bemerkungen über das sittliche Verhalten der Angeklagten enthält, ist es ein Leumundszeugnis und damit gemäß § 256 Abs. 1 StPO. von der Verlesung schlechthin ausgeschlossen (Löwe § 256 A. 2a und b). Es wäre insoweit nach § 250 StPO. der Lehrer selbst zu vernehmen gewesen. Auf diesem Verstoß beruht das Urteil, das Zeugnis ist zur Begründung der Verurteilung verwendet worden (§ 337 StPO.). Die Revision ist also begründet.

Zu 9:

Der Antrag des Verteidigers, den Zeugen Huber „allenfalls" zu beeidigen, war nicht etwa ein vorsorglich gestellter Beweisantrag — denn er bezweckte nicht die Beweisführung über eine neue Tatsache —, vielmehr war er ein Bestreiten der Gesetzmäßigkeit der Nichtbeeidigung des schon vernommenen Zeugen. Wenn auch nach § 238 Abs. 1 StPO. die Entscheidung über die Nichtbeeidigung eines Zeugen zunächst bei dem Vorsitzenden als dem Verhandlungsleiter liegt, so bedarf es doch, sobald dessen Anordnung von einem Prozeßbeteiligten beanstandet wird, gemäß Abs. 2 das. eines Gerichtsbeschlusses (vgl. auch Löwe § 58 A. 1b). Der Antrag auf nachträgliche Beeidigung muß, selbst wenn er nur vorsorglich gestellt ist, vor der Urteilsverkündung beschieden werden (Löwe § 57 A. 6a a. E.), es genügt nicht, hierzu erst in den Urteilsgründen Stellung zu nehmen; denn erst wenn die Stellungnahme des Gerichts bekanntgegeben ist, kann sich die weitere Verteidigung darnach einrichten und es wird dann allenfalls nötig, weitere Beweisanträge zu stellen oder die gestellten entsprechend zu ändern. Die Zurückstellung der Bescheidung dieses Antrags in die Urteilsgründe war demnach eine unzulässige Vorwegnahme des Urteils selbst und damit eine unzulässige Beschränkung der Verteidigung im Sinne des § 338 Ziff. 8 StPO. Nach der — allerdings nicht einheitlichen — Rechtsprechung des Reichsgerichts ist eine stillschweigende Ablehnung ohne förmlichen Gerichtsbeschluß ausreichend (Löwe § 338 A. 18b, vgl. auch RGSt. Bd. 57 S. 262, wonach „das Erfordernis eines förmlichen Gerichtsbeschlusses nicht überspannt werden darf".). Auf der Verletzung der §§ 238 Abs. 2, 61 StPO. beruhte das Urteil, denn es läßt sich die Möglichkeit nicht ausschließen, daß das Gericht die Aussage des Huber bei der Urteilsfindung verwertet habe (§ 337 StPO.). Die Revision ist also begründet. Soweit Huber auch zur Kindstötung vernommen wurde, war für die Nichtbeeidigung aus § 57 Nr. 3 StPO. überhaupt kein Raum (vgl. oben zu 5). Auch dies begründet die Revision.

Staatsprüfung 1924 Mai, I. 10.[1])

I.

Ber. Reg. 158/24. Klarbach, den ...... 1924.

An

das Landgericht Klarbach
(Strafkammer).

In der Strafsache **Gmeinwieser** Barbara, Milchhändlerin in Klarbach, wegen Urkundenfälschung u. a. lege ich namens und im Auftrag der Angeklagten, ausgewiesen durch die vorgelegte Verteidigungsvollmacht, gegen das Urteil der Strafkammer des Landgerichts Klarbach vom 27. Dezember 1924

Revision

zum Reichsgericht[2]) ein mit dem Antrag, das Urteil in vollem Umfang aufzuheben.

---

[1]) Im Texte der Aufgabe sind folgende Änderungen vorzunehmen:
a) Alle Daten sind auf ein Jahr später zu verlegen!
b) die Strafkammer ist als Berufungsgericht anzusehen (Seemüller und Bruckner also Schöffen!),
c) In Aktenstück 1 ist statt „hierauf wurde der Beschluß über die Eröffnung des Hauptverfahrens verlesen" zu setzen: „Hierauf wurde das Urteil des ersten Rechtszuges verlesen und Bericht erstattet".
d) Hinter: „der Staatsanwalt beantragte" ist einzusetzen: „das freisprechende Urteil des erweiterten Schöffengerichts Klarbach aufzuheben und".
Nach: „vorsorglich bat sie um" ist einzusetzen: „Verwerfung der staatsanwaltschaftlichen Berufung und".
e) In Aktenstück 1 und 2 ist der Urteilsformel jeweils der Satz voranzusetzen: „Das Urteil des Schöffengerichts Klarbach ...... wird aufgehoben."
f) Statt §§ 58, 256, 496, 497 StPO. lies §§ 59, 257, 464, 465 StPO.

[2]) Die Zuständigkeit des Reichsgerichts ergibt sich aus § 29 Abs. 2, § 121 Nr. 1c, § 135 GVG.

Meinen Antrag[3]) begründe ich wie folgt:

a) Ich rüge Verletzung sachlichrechtlicher Vorschriften; die Anwendung des Strafgesetzes auf das festgestellte Sachverhältnis ist fehlerhaft. Obwohl ich mir weitere Ausführungen hierüber im Hinblick auf § 344 StPO. ersparen könnte, erachte ich es für meine Pflicht als Verteidiger, auf folgende Mängel des Urteils ausdrücklich hinzuweisen:

1. Der Begriff der Urkundenfälschung nach §§ 267, 268 StGB., namentlich des Gebrauchmachens zum Zwecke einer Täuschung, ist verkannt. Hierzu wäre erforderlich, daß derjenige, der eine Urkunde fälschlich angefertigt hat, bei einem Dritten durch Zugänglichmachung der Substanz der Urkunde den Anschein erwecken will, daß sie von dem herrühre, der in ihr als Aussteller bezeichnet ist (LK. § 267 A. 31 und 34). Die im Urteil festgestellte Erklärung der Angeklagten gegenüber dem Zeugen Wenz, Hofmann habe ihr einen von Sabine Wenz geschriebenen Brief ausgehändigt, den sie noch besitze, bedeutet aber bloß eine Berufung auf den Besitz der Urkunde und allenfalls eine Bereiterklärung zur Vorlegung, erfüllt aber nicht den Begriff des Gebrauchmachens. In dem Zeitpunkt aber, in dem die Angeklagte dem Wenz den Brief vorzeigte, hatte sie nach den Feststellungen des Urteils bereits erklärt, daß Hofmann den Brief geschrieben habe, sie hat also selbst nicht mehr behauptet, daß die Unterschrift von Sabine Wenz stamme; hiernach wollte sie den Wenz gar nicht über die Person des Ausstellers einer angeblich echten Urkunde täuschen, sondern nur über die außerhalb des Inhalts der Urkunde liegende und mit ihr gar nicht zu erweisende Tatsache, daß nicht sie, sondern Hofmann den Brief fälschlich angefertigt habe, daß also sie selbst von Hofmann beschwindelt worden sei. Das aber ist kein Gebrauchmachen zum Zwecke einer Täuschung (LK. § 267 A. 35). Die Ausführung des Urteils, der Brief solle „den Anschein erwecken, als ob er von der Ehefrau Wenz herrühre",

[3]) Bei Wahrung der Form des § 345 Abs. 2 StPO. kann die Revisionsrechtfertigung mit der Einlegung verbunden werden (Löwe § 345 A. 1a). Gegenstand des Revisionsantrags ist stets nur die Aufhebung des Urteils (§ 353 Abs. 1 und 2 StPO., Löwe § 344 A. 3).

widerspricht hiernach den vorausgegangenen Feststellungen. Diese würden nicht einmal die Annahme eines Versuchs der schweren Urkundenfälschung rechtfertigen, da nirgends festgestellt ist, daß die Angeklagte ursprünglich den Vorsatz gehabt hätte, dem Wenz vorzutäuschen, daß seine Ehefrau Sabine den Brief geschrieben habe.

2. Auch die Annahme eines Vergehens des Betrugs nach § 263 StGB. wird von den Urteilsfeststellungen nicht getragen: Es fehlt schon objektiv an jeder Feststellung darüber, auf Grund welcher Tatsachen die Vermögenslage des Wenz durch die Nichterhebung seiner allenfallsigen Herausgabe- und Schadensersatzansprüche verschlechtert oder schon so gefährdet worden sei, daß der Wert seines Vermögens bereits herabgemindert gewesen wäre (LK. § 263 A. 61); hierzu wäre angesichts der Tatsache, daß das Vermögen des Wenz schon durch die Unterschlagung selbst beschädigt worden war, mindestens noch die Feststellung erforderlich gewesen, daß die Verwirklichung seiner Herausgabe- und Schadensersatzansprüche durch die Vorspiegelung nunmehr aus rechtlichen Gründen (z. B. Verjährung der Ansprüche oder vertragsmäßiger Verzicht auf dieselben) oder aus tatsächlichen Gründen (z. B. Verschlechterung der Vermögenslage der Angeklagten) unmöglich oder doch weniger aussichtsreich geworden sei. Subjektiv ist nicht festgestellt, daß die Angeklagte sich einer solchen erneuten Vermögensbeschädigung bei der Vorspiegelung bewußt gewesen sei und daß sie dabei einen rechtswidrigen Vorteil erstrebt habe. Da eine Urkundenfälschung auszuscheiden hat, stellt sich das ganze, der Unterschlagung nachgefolgte Verhalten der Angeklagten lediglich als eine straflose Nachtat dar (LK. § 263 A. 10).

Diese sachlich rechtlichen Mängel rechtfertigen die Aufhebung der Verurteilung wegen eines Verbrechens der Urkundenfälschung in Tateinheit mit Betrug.

b) Ich fechte das Urteil weiter an wegen Verletzung von Rechtsnormen über das Verfahren und bezeichne hierfür folgende Tatsachen:

1. Die Hauptverhandlung vor dem Berufungsgericht ist nicht öffentlich gewesen, wie das hierfür allein maßgebliche

Sitzungsprotokoll beweist. Die Öffentlichkeit ist aber eine wesentliche Förmlichkeit der Hauptverhandlung (§ 169 GVG.). Dieser Mangel des Verfahrens bildet einen unbedingten Revisionsgrund (§ 338 Nr. 6 StPO.).

Ich behaupte nicht etwa, daß im Sitzungsprotokoll lediglich der Vermerk darüber, daß öffentlich verhandelt wurde, fehle, sondern ich behaupte — und beweise durch das Sitzungsprotokoll —, daß in der Tat nichtöffentlich verhandelt worden ist. Vorsorglich bemerke ich hierzu noch folgendes: Da die Beweiskraft des Protokolls eine ausschließliche ist (Löwe § 274 A. 3a), kommt der Tatsache, daß im Eingang des **Urteils** die Sitzung als öffentliche bezeichnet ist, keine Bedeutung zu (Löwe § 274 A. 3a Abs. 2). Auch daß in den protokollierten Gründen des Strafbeschlusses von „öffentlicher" Sitzung die Rede ist, reicht nicht aus; denn diese Feststellung des Protokolls beweist nur formell den Wortlaut der verkündeten Beschlußgründe, nicht aber materiell die Wahrheit ihres Inhaltes; auch läßt sie nicht ersehen, daß die **ganze** Sitzung öffentlich gewesen sei.

2. Der als erster Zeuge vernommene Fabrikarbeiter Georg Wenz ist ein Neffe der Angeklagten, und zwar ein Sohn ihrer Schwester, wie sich schon aus der Begründung des Urteils (vgl. „sich an der Habe des Sohnes ihrer eigenen Schwester zu vergreifen") ergibt. Da die Tatsache der persönlichen Beziehungen eines Zeugen zum Angeklagten keine „Förmlichkeit" ist, kommt der Feststellung des Protokolls, daß Wenz „ohne Beziehungen" sei, keine Beweiskraft im gegenteiligen Sinne zu (Löwe § 274 A. 2). Wenz ist also mit der Angeklagten im dritten Grade der Seitenlinie verwandt und war daher zur Verweigerung des Zeugnisses (§ 52 Ziff. 3 StPO.) und zur Verweigerung der Vereidigung (§ 58 Abs. 2 StPO.) berechtigt; er wäre hierüber zu belehren gewesen. Ausweislich des Protokolls ist eine solche Belehrung nicht erfolgt (Löwe § 52 A. 10).

Wäre Georg Wenz belehrt worden, so hätte er vielleicht sein Zeugnis überhaupt verweigert oder mindestens die Vereidigung abgelehnt. Aus der ganzen Urteilsbegründung ergibt sich aber die Möglichkeit, daß das Gericht die Aussage des Wenz überhaupt und sogar als eidliche bei der Urteilsfindung verwertet hat; das Urteil beruht also auf dieser Gesetzesverletzung (Löwe § 337 A. 7b). Ob dem erkennenden Gericht die Tatsache der Verwandtschaft bekannt war oder nicht, ist unerheblich (Löwe § 52 A. 12, § 58 A. 5a, § 337 A. 5c).

3. Der Beweisantrag der Angeklagten auf Vernehmung des Zeugen Kurz ist, wie das Sitzungsprotokoll ergibt, durch Beschluß mit der Begründung abgelehnt worden, daß die unter Beweis gestellten Tatsachen als wahr unterstellt werden. Dies ist zulässig, wenn die Unterstellung zugunsten des Angeklagten erfolgt (Löwe § 244 A. 10b), jedoch darf dann nicht ein wesentlicher Teil des Beweisantrags für widerlegt erachtet werden (Löwe § 244 A. 10b) und es dürfen die Urteilsgründe nicht in Widerspruch stehen mit den Gründen des Beschlusses (Löwe § 244 A. 15). Hiergegen aber hat das Urteil verstoßen, indem es lediglich annimmt, daß Hofmann irgendeine Geige besessen habe, während der Beweisantrag ausdrücklich auf die Geige des Wenz sich bezog. Gerade das aber war das wesentliche, denn die Angeklagte konnte damit, daß Hofmann die Geige des Wenz noch im September 1923 im Besitz hatte, beweisen, daß sie diese Geige dem Hofmann übergeben und nicht im Juli 1923 an einen Trödler verkauft, mithin nicht unterschlagen habe. Dieser Widerspruch der Gründe des Urteils mit denen des Beschlusses ist ein verfahrensrechtlicher Verstoß und begründet die Revision (§ 244 Abs. 2, § 261 StPO., Löwe § 244 A. 15).

Einen in derselben Hauptverhandlung bereits abgelehnten und ohne neue Gesichtspunkte lediglich wiederholten Beweisantrag kann allerdings der Vorsitzende gemäß § 238 StPO. ohne weiteres zurückweisen (Löwe § 244 A. 5). Das Gericht konnte daher zwar den von der Angeklagten am Schlusse der Verhandlung wiederholten Beweisantrag übergehen, aber doch nur unter der Voraussetzung, daß es die unter Beweis gestellte Tatsache auch weiterhin in vollem Umfange als wahr unterstellte. Da dies aber hier, wie bereits dargelegt, das Gericht bei der Urteilsfindung nicht getan hat, so hätte es den — primär und nicht etwa nur vorsorglich gestellten und wiederholten — Antrag gemäß § 244 Abs. 2 durch ausdrücklichen Beschluß vor Urteilsverkündung verbescheiden müssen. Auch hierauf wird die Revision gestützt.

4. In ihrem Schlußantrag hat die Angeklagte, wenn auch nur vorsorglich, um mildernde Umstände gebeten. Das Urteil hat sich aber nicht darüber ausgesprochen, ob und warum nicht solche bei dem Vergehen der Unterschlagung nach § 246 StGB. angenommen worden sind. Dies verstößt gegen § 267 Abs. 3 Satz 2 StPO. Das Urteil enthält insoweit keine Entscheidungsgründe und unterliegt daher gemäß § 338 Nr. 7 StPO. der Revision hinsichtlich des Strafausspruches wegen der Unterschlagung und damit auch hinsichtlich der gebildeten Gesamtstrafe (Löwe § 267 A. 8a, § 338 A. 17).

5. Die Folgerung, daß die Angeklagte den Brief vom 16. Juli geschrieben habe, zieht das Urteil aus den „vorliegenden" Schriftproben. Diese hätten dem erkennenden Gericht nur in der Weise vorliegen können, daß es sie in der Hauptverhandlung zum Gegenstande seiner unmittelbaren sinnlichen Wahrnehmung, also zum Gegenstand eines Augenscheins (vgl. Löwe § 86 A. 1a und b) gemacht hätte. Da die Einnahme des Augenscheins durch das erkennende Gericht einen Teil der Beweisaufnahme bildet (Löwe § 244 A. 2), so muß das Sitzungsprotokoll ergeben, daß und welche Gegenstände vom Gericht besichtigt wurden (Löwe § 273 A. 2). Ein solcher Augenschein hat aber in der Hauptverhandlung, wie ich ausdrücklich behaupte und durch das — hierüber nichts enthaltende — Sitzungsprotokoll unter Beweis stelle, nicht stattgefunden. Das Gericht hat bei der Urteilsfindung unzulässigerweise auf den Inhalt der Akten — nur dort konnten Schriftproben sonst noch „vorliegen" — zurückgegriffen und aus diesen Beweismomente entnommen, die nicht Gegenstand der Verhandlung waren, und hierdurch die Verfahrensvorschrift des § 261 StPO. verletzt (Löwe § 261 A. 1a). Auf diesem Verstoß beruht unzweifelhaft die Verurteilung wegen Urkundenfälschung (§ 337 StPO.).

Die Ausführung des Urteils, daß das bei den Akten befindliche Gutachten des Schriftsachverständigen derselben Ansicht sei, verstößt gleichfalls gegen § 261 StPO. Auch hierauf stütze ich die Revision, denn die Begründung des Urteils ergibt nicht ausreichend, daß auf dieses Gutachten die Überzeugung des Gerichts bezüglich der Person des Urhebers des Briefes vom 16. Juli nicht gegründet sei (§ 337 StPO.).

6. Nach dem Protokoll und der Urteilsformel im Kopfe des Urteils beträgt die Gesamtstrafe zwei Monate, nach den Urteilsgründen nur 8 Wochen Gefängnis. Wenn nun auch bei einem Widerspruch zwischen der Formel des Protokolls und der Formel des Urteils das Protokoll maßgebend ist und bei einem Widerspruch zwischen Urteilsformel und Urteilsgründen die erstere maßgebend ist, so liegt doch hier eine Unklarheit des Urteils vor, die dessen Aufhebung begründet (Löwe § 275 A. 5). Die Angeklagte ist hierdurch auch beschwert, denn die maßgebende Formel enthält die größere Strafe (Löwe § 275 A. 5). Es ist daher auf alle Fälle der Ausspruch der Gesamtstrafe von zwei Monaten aufzuheben; verletzt ist hier § 267, § 338 Nr. 7 StPO., denn dem Fehlen der Entscheidungsgründe steht deren Unverständlichkeit gleich (Löwe § 338 A. 17).

gez. Dr. Findig,
Rechtsanwalt.

Nachbemerkung: Die Revision könnte nicht auf folgende Mängel gestützt werden:

a) Nichtbelehrung des Zeugen Haller, daß er nach § 55 StPO. die Auskunft darüber verweigern durfte, ob er das Geständnis der Angeklagten erpreßt habe. Eine solche Belehrung ist nicht vorgeschrieben.

b) Unterlassung der Rechtsmittelbelehrung. Dieser Verstoß verletzt nur eine Ordnungsvorschrift (§ 268 Abs. 3 StPO.).

c) Verwertung des Leugnens als Strafzumessungsgrund: Leugnen an sich darf nicht straferschwerend berücksichtigt werden, wohl dagegen ein irgendwie qualifiziertes Leugnen (besondere Hartnäckigkeit bei klar erwiesenem Sachverhalt, Bezichtigung Unschuldiger und dergl.). Vgl. hierwegen Löwe § 267 A. 7.

d) Nichtverlesung der Urteilsformel bei der Verkündung

nach § 268 StPO. Ein Revisionsgrund läge nur dann vor, wenn behauptet werden könnte, daß die verkündete Urteilsformel von der niedergeschriebenen verschieden sei (Löwe § 268 A. 5b).

e) Der Brief vom 16. Juli gilt, trotzdem die Urteilsbegründung angibt, daß er verlesen worden sei, mangels einer diesbezüglichen Feststellung im Protokoll nicht als verlesen im Sinne des § 249 StPO. Hierwegen kann aber nicht eine Verletzung des § 261 StPO. behauptet werden. Der Inhalt einer Urkunde, insbesondere eines „Sachbestandstückes" (vgl. Löwe § 249 A. 3a), wie es insbesondere eine gefälschte Urkunde darstellt, kann nicht nur durch Verlesung, sondern auch im Wege des Vorhalts zur Kenntnis des Gerichts gebracht werden (Löwe § 249 A. 3c); ein bloßer Vorhalt aber bedarf, da er lediglich ein Teil des Verhörs ist, nicht der Aufnahme in das Sitzungsprotokoll.

II.

Ber.Reg. 158/24. Klarbach, den ..... 1924.

An

das Landgericht Klarbach
(Strafkammer).

In der Strafsache Gmeinwieser Barbara, Milchhändlerin in Klarbach, wegen Urkundenfälschung u. a.
lege ich unter Bezugnahme auf meine Vollmacht gegen den Straf-Beschluß der Strafkammer des Landgerichts Klarbach vom 27. Dezember 1924

sofortige Beschwerde

zum Obersten Landesgerichte[4]) ein mit dem Antrag, den Beschluß aufzuheben. Meinen Antrag begründe ich wie folgt:

a) Wegen der Zulässigkeit der sofortigen Beschwerde beziehe ich mich auf Löwe GVG. § 181 A. 2.

[4]) Die Zuständigkeit ergibt sich aus § 121 Nr. 2 GVG., § 9 EG. zum GVG., Art. 167 Ziff. XII Bay. AG. zum BGB.; insbesondere für Beschwerden nach § 181 GVG. siehe Löwe GVG. § 181 A. 8, EG. zum GVG. § 9 A. 12!

b) Der Beschluß muß schon deshalb aufgehoben werden, weil entgegen der Bestimmung des § 182 GVG. seine Veranlassung, d. h. der Vorgang, der zur Verhängung der Ordnungsstrafe Anlaß gegeben hat, nicht in das Protokoll aufgenommen worden ist (Löwe GVG. § 182 A. 3); die Erwähnung in den Gründen des Beschlusses genügt nicht.

c) Der Angeklagten ist vor Erlassung des Beschlusses kein Gehör gegeben worden (Löwe GVG. § 178 A. 5c).

d) Sachlich ist der Begriff der Ungebühr verkannt (vgl. Löwe GVG. § 178 A. 2a): Die Erklärung, ein Rechtsmittel einlegen zu wollen, ist weder geeignet, die Würde des Gerichts zu verletzen, noch die Ruhe und Ordnung der Verhandlung zu stören; es fehlt diesem Verhalten auch die Erheblichkeit (Löwe GVG. § 178 A. 3).

e) Die Ersatzhaftstrafe darf 3 Tage nicht übersteigen (Löwe GVG. § 178 A. 6).

gez. Dr. Findig,
Rechtsanwalt.

Staatsprüfung 1924 November, I. 10.

I. Unteraufgabe.

a) Die Beschwerde.

1. Da sie sich gegen einen die Wiedereinsetzung in den vorigen Stand ablehnenden Beschluß richtet, ist sie zulässig (§ 46 Abs. 3 StPO.), und zwar als sofortige Beschwerde. Daß sie nicht ausdrücklich als solche bezeichnet ist, ist unschädlich (§ 300 StPO.). Die Beschwerdefrist ist gewahrt (§ 311 Abs. 2 Satz 1). Auch die einfache Schriftform und die Einreichung beim Landgericht ist nicht zu beanstanden (§ 306 Abs. 1 Satz 1 mit § 311 Abs. 2 Satz 2 StPO.). Da das Gericht zur Abänderung seiner durch sofortige Beschwerde angefochtenen Entscheidung nicht befugt ist (§ 311 Abs. 3 StPO.), bedurfte es auch keines Beschlusses der Strafkammer nach § 306 Abs. 2 StPO., ob sie der Beschwerde abhelfen wolle oder nicht. Die Formalien der Beschwerde sind also in Ordnung.

2. Da es sich um den in § 342 StPO. vorgesehenen Fall handelt, ist über die Wiedereinsetzung und die gegen ihre Ablehnung eingelegte Beschwerde zuerst, d. h. vor der Entscheidung über die Revision, zu entscheiden (§ 342 Abs. 2 Satz 2 StPO.). Zuständig zur Entscheidung ist in Bayern das Oberste LG. (§ 121 Ziff. 2 GVG., § 9 EG. zum GVG., Art. 167 Ziff. XII Bayer. AG. zum BGB.).

3. Die sachliche Würdigung ergibt folgendes: Es handelt sich hier um die in § 329 StPO. für diesen Sonderfall geregelte Wiedereinsetzung gegen die Versäumung des Termins zur Hauptverhandlung über die vom Angeklagten eingelegte Berufung. Vom Standpunkte der im Urteil vom 22. Sept. 1924 hinsichtlich des Begriffes „Ausbleiben bei Beginn der Hauptverhandlung" vertretenen Rechtsauffassung aus hatte die Strafkammer allerdings recht, wenn sie das Gesuch um Wiedereinsetzung als unbegründet verwarf. Denn daß die

kranke Tochter der Angeklagten dringend der Pflege bedurfte, war für die Angeklagte kein unabwendbarer Zufall, weil eine Krankenschwester, also eine hierzu geeignete Person, die Pflege übernommen hatte; der Umstand, daß die Angaben der mitangeklagten Tochter zur Verteidigung der Maier erforderlich waren, gab dieser zwar das Recht, in der Verhandlung die Aussetzung zu beantragen, bildete aber keinen ausreichenden Grund, sich zu entfernen. Darauf, daß die beiden Strafsachen nur zusammen verhandelt würden, hatte die Maier überhaupt keinen Anspruch, denn das Gericht kann die Trennung zusammenhängender (§ 3 StPO.) Strafsachen in jeder Lage des Verfahrens gemäß § 4 StPO. auch von Amts wegen anordnen durch Beschluß, welcher der Beschwerde überhaupt nicht unterliegt (§ 305 StPO.).

Eine andere Frage aber ist es, ob nicht die Strafkammer den Rechtsbegriff des Nichterscheinens „beim Beginne der Hauptverhandlung" verkannt hat. Die Hauptverhandlung „beginnt" allerdings nach § 243 StPO. mit dem Aufrufe der Zeugen und Sachverständigen und in diesem Zeitpunkte war die Angeklagte Maier nicht mehr anwesend. § 243 StPO. kann und will aber nicht besagen, daß die Hauptverhandlung nur durch den Aufruf der Zeugen und Sachverständigen zum „Beginn" gebracht werden könne; das ergibt sich schon aus dem Vergleich mit § 214 Abs. 2 StPO. und aus der Tatsache, daß es auch Hauptverhandlungen ohne Zeugen und Sachverständige gibt (vgl. auch Löwe § 243 A. 3a StPO.). Die Bedeutung und Tragweite des § 243 StPO. geht über eine bloße Anweisung für das Gericht über die zweckmäßigste Reihenfolge der einzelnen Prozeßakte nicht hinaus. Die Hauptverhandlung beginnt tatsächlich mit dem Aufruf der Sache (Löwe § 243 A. 2a), und dies ist auch der für § 329 Abs. 1 maßgebende Zeitpunkt (Löwe § 329 A. 1c). Die Angeklagte Maier war daher beim Beginn der Berufungsverhandlung erschienen und hat den Verhandlungstermin nicht „versäumt"; demnach war für die „sofortige" Verwerfung ihrer Berufung nach § 329 Abs. 1 StPO. überhaupt kein Raum und damit von selbst auch nicht für eine Wiedereinsetzung nach § 329 Abs. 2. Das Ziel ihres Angriffs kann also nicht die Wiedereinsetzung gegen eine — nicht vorhandene — Versäumnis sein, sondern die Beseitigung des materiell unrichtigen Urteils. Hierfür aber ist der gegebene Rechtsbehelf das Rechtsmittel der Revision, die hier auch eingelegt ist. Daher erweist sich der angefochtene Beschluß, der das Gesuch um Wiedereinsetzung sachlich verbeschied, statt es für gegenstandslos zu erklären, als nicht gerechtfertigt. Das Beschwerdegericht muß ihn aufheben und das Gesuch der Beschwerdeführerin für gegenstandslos erklären (vgl. Oberstes LG. Straff. Bd. 24 S. 51, Leipz. Zeitschrift 1925 S. 51).

b) Die Revision.

Vorbemerkung (nicht unmittelbar in den Rahmen der Lösung gehörend!):

Beim Zusammentreffen von Revision und Wiedereinsetzungsgesuch bestimmt § 342 StPO., daß „die weitere Verfügung in bezug auf die Revision bis zur Erledigung des Gesuchs um Wiedereinsetzung ausgesetzt bleibt". Zu dieser weiteren Verfügung gehört auch die Zustellung des Urteils an den Revisionsführer nach § 343 StPO. — falls diese nicht, wie hier, schon vorher erfolgt war, — und das Verfahren nach § 347 StPO. Das Beschwerdegericht muß also, bevor über die Revision entschieden werden kann, nach Erledigung der Beschwerde die Akten nochmals an das Landgericht zurückgeben zur Nachholung dieser Formalien. Daß dies in unserem Falle geschehen sei, geht aus dem Texte der Aufgabe nicht hervor, wird aber als selbstverständlich unterstellt. In diesem Zusammenhange sei auch bemerkt, daß auch der Lauf der in § 345 StPO. bestimmten Revisionsbegründungsfrist erst nach Erledigung des Gesuchs um Wiedereinsetzung beginnen kann (vgl. Löwe § 315 A. 5, § 345 A. 1a).

1. Die Einlegung der Revision zu Protokoll des Gerichtsschreibers des Landgerichts ist form- und fristgerecht erfolgt (§ 341 Abs. 1 und 2, § 342 Abs. 1 und 2 StPO.). Der Antrag auf Aufhebung des Urteils und dessen Begründung entspricht dem § 344 Abs. 1 StPO. Die Revisionsrechtfertigung kann, wie hier geschehen, schon mit der Revisionseinlegung

verbunden werden, wenn letztere der Formvorschrift des § 345 Abs. 2 entspricht (Löwe § 345 A. 1a StPO.). Die Revision ist auch zulässig (§ 333 StPO.). Zuständig zur Entscheidung ist in Bayern das Oberste LG. (§ 121 Ziff. 1b GVG., § 9 EG. zum GVG., Art. 167 Ziff. XII Bay. AG. zum BGB.).

2. Die sachliche Würdigung ergibt folgendes: Die der Vorschrift des § 344 Abs. 2 Satz 2 StPO. entsprechende Begründung der Revision rügt falsche Anwendung des § 329 Abs. 1 StPO. Die Rüge ist begründet. Die zu ihrer Begründung bezeichnete Tatsache, daß die Angeklagte beim Aufrufe der Sache in der Berufungsverhandlung vom 22. Sept. 1924 erschienen war (§ 352 StPO.), wird durch das Sitzungsprotokoll bewiesen; es war daher, wie schon bei a 3 ausgeführt, für eine sofortige Verwerfung der Berufung kein Raum. Die Strafkammer hat die Vorschrift des § 329 Abs. 1 durch Anwendung verletzt, auf dieser Verletzung beruht, wie keiner weiteren Ausführung bedarf, das angefochtene Urteil (§ 337 Abs. 1 und 2). Dieses ist daher aufzuheben (§ 353 Abs. 1 StPO.), und zwar samt den Feststellungen (§ 353 Abs. 2 StPO.), weil die Feststellung der Strafkammer, daß die Angeklagte bei Beginn der Verhandlung nicht erschienen und ihr Ausbleiben auch nicht entschuldigt gewesen sei, durch die Verletzung des § 329 Abs. 1 StPO. betroffen worden ist. Da die Voraussetzungen des § 354 Abs. 1 StPO. nicht vorliegen, hat das Revisionsgericht die Sache zur anderweitigen Verhandlung und Entscheidung an die Strafkammer zurückzuverweisen (§ 354 Abs. 2 StPO.).

Über die Kosten der Revision ist erst in dem neuen Urteil der Strafkammer mit zu entscheiden.

Nachbemerkung (nicht in den Rahmen der Lösung gehörig):

Wie konnte das Berufungsgericht gegen die Angeklagte verfahren, als sie erklärte, sie werde sich entfernen? Der Vorsitzende konnte die erforderlichen Maßregeln aus § 231 Abs. 1 StPO., der nach § 332 StPO. auch für das Berufungsverfahren gilt, treffen, um die Entfernung zu verhindern; entfernte sie sich trotzdem, so blieb nur übrig, die Verhandlung auszusetzen. Nicht zulässig wäre es gewesen, die Verhandlung in Abwesenheit der Angeklagten zu Ende zu führen; zwar ist § 231 Abs. 2 StPO. gemäß § 332 StPO. auch in der Berufungsinstanz anwendbar; da aber die in § 231 Abs. 2 gemeinte „Vernehmung über die Anklage" nur eine Vernehmung gemäß § 243 Abs. 3 StPO., also nur in der Hauptverhandlung, sein kann (so offenbar auch Löwe § 231 A. 8), so setzt die Anwendung des § 231 Abs. 2 StPO. in der Berufungsverhandlung voraus, daß der Angeklagte auch in dieser selbst schon über die Anklage vernommen worden ist, was gewöhnlich erst nach der Berichterstattung erfolgt (§ 324 StPO.), im vorliegenden Fall aber noch nicht geschehen war.

Staatsprüfung 1923 Mai, I. 9[1]).

Anz.Verz. 385/22.

Beschluß:

I. Der Antrag des Metzgergehilfen Karl Kräftig auf Wiederaufnahme des durch rechtskräftiges Urteil des Schöffengerichts bei dem AG. Heldburg vom 4. April 1923 geschlossenen Verfahrens wegen eines Vergehens des Diebstahls wird für zulässig erklärt.

II. Der Antrag des Schuhmachers Daniel Vorndran auf Wiederaufnahme des durch dasselbe Urteil geschlossenen Verfahrens gegen den Metzgergehilfen Wilhelm Wunder wegen eines Vergehens der gefährlichen Körperverletzung wird als unzulässig verworfen.

III. Der Antrag auf Zulassung des Metzgermeistersohnes Xaver Selcher als Nebenkläger in dem unter II bezeichneten Verfahren ist gegenstandslos.

IV. Der Antrag des Amtsanwalts auf Wiederaufnahme des durch dasselbe Urteil geschlossenen Verfahrens gegen den Metzgerlehrling Wilhelm Wunder wegen eines Vergehens des Diebstahls wird für zulässig erklärt.

Gründe[2]).

I. Der Antrag des Verteidigers des Kräftig.

Durch das genannte Urteil ist Kräftig unter der Feststellung verurteilt worden, daß er am 14. oder 15. Dezember 1922 dem Metzgermeister Selcher in Heldburg einen Schinken und sechs Mettwürste entwendet habe.

---

[1]) Alle Daten der Wiederaufnahmeanträge und ebenso der Beschluß selbst sind auf das Jahr 1927 verlegt.

Im folgenden erscheinen solche Ausführungen, die nicht unmittelbar in den Rahmen der Lösung oder mindestens nicht in den amtsgerichtlichen Beschluß hineingehören, als Anmerkung in Fußnoten.

[2]) Das Amtsgericht ist zur Entscheidung zuständig (§ 367 Abs. 1 Satz 1 und Abs. 2 StPO., § 30 Abs. 2 GVG.).

Der Antrag seines Verteidigers vom 2. Mai 1927 entspricht der Form des § 366 Abs. 2 StPO.; die ursprüngliche Unterzeichnung durch den Bürovorsteher als Beauftragten genügte zwar nicht (Löwe § 345 A. 5a), doch ist dieser Mangel dadurch, daß RA. Dietrich den Antrag noch vor dessen Verbescheidung unterzeichnet hat, geheilt, da eine Frist für die Anbringung von Wiederaufnahmeanträgen — im Gegensatze zu Revisionsanträgen — nicht bestimmt ist. Auch dem Erfordernis des § 366 Abs. 1 StPO. ist genügt.

Die Würdigung des Antrags ergibt im einzelnen folgendes:

1. Entwendung des Schinkens: Der Antrag behauptet, daß Josef Selcher selbst den Schinken beiseite geschafft und verschenkt habe und daß er bei seiner Vernehmung als Zeuge in der Hauptverhandlung vom 4. April 1923 einen Meineid geleistet habe.

a) Erstere Behauptung gründet sich auf § 359 Nr. 5 StPO.; sie enthält „neue Tatsachen", nämlich solche, die dem über die Schuldfrage entscheidenden Gericht nicht vorgelegen haben, die also bei jener Entscheidung nicht in Betracht gezogen werden konnten (Löwe § 359 A. 22). Es sind auch keine Anhaltspunkte dafür vorhanden, daß der Verurteilte diese Tatsachen in früheren Verfahren gekannt hätte (§ 359 Ziff. 5 Satz 2!). Für diese neue Tatsache sind auch neue Beweismittel angegeben (§ 366 Abs. 1 StPO.). Stellt sich im weiteren Verfahren die Wahrheit der Behauptung heraus, dann ist sie — unter der Annahme, daß dem Schöffengericht lediglich die Entwendung des Schinkens zur Entscheidung vorgelegen habe — schon für sich allein geeignet, die Freisprechung des Kr. zu begründen, da dann feststeht, daß er an der Wegnahme des Schinkens unbeteiligt war und eine strafbare Handlung nicht begangen hat.

Der Wiederaufnahmeantrag ist daher insoweit zulässig.

b) Zugleich ist dann aber auch dargetan, daß Josef Selcher in der Hauptverhandlung vom 4. April 1923 seine Eidespflicht als Zeuge vorsätzlich verletzt hat (§ 154 StGB.). Die Behauptung des Meineides stützt sich auf § 359 Nr. 2 StPO. „Zu Ungunsten" des Verurteilten ist das Zeugnis abgelegt, wenn auch nur die Möglichkeit besteht, daß es einen dem Verurteilten ungünstigen Einfluß auf die Urteilsfindung gehabt habe (Löwe § 359 A. 13)[3]). Der Antrag ist auch insoweit mit Beweismitteln belegt (§ 366 Abs. 1 StPO.). Seiner Zulässigkeit steht auch nicht die Vorschrift des § 364 StPO. entgegen; denn da Josef S., wie aus seinem Briefe vom 17. April 1927 hervorgeht, sich außerhalb des gegenwärtigen Reichsgebiets befindet und nicht die Absicht freiwilliger Rückkehr hat, auch die Möglichkeit einer Auslieferung seitens Frankreichs an Bayern außer Betracht zu bleiben hat, so ist ein Strafverfahren gegen ihn wegen Meineides infolge Abwesenheit gemäß §§ 276, 277, 285 StPO. ausgeschlossen (Löwe § 364 A. 3)[4]).

Der Wiederaufnahmeantrag ist daher auch insoweit zulässig[5]).

2. Entwendung der Mettwürste.

Der Antrag gründet sich auf § 359 Nr. 5 StPO. und behauptet, daß hierwegen schon vor Erlassung des Urteils die Erlassung eines Strafbefehls aus § 370 Nr. 5 StPO. beantragt, vom Amtsrichter aber abgelehnt worden sei. Auch dies ist die Behauptung einer neuen Tatsache im Sinne des § 359 Nr. 5 StPO. Es ist auch glaubhaft, daß hiervon der Verurteilte keine Kenntnis erhalten habe (§ 359 Nr. 5 Satz 2!), weil ein solcher Beschluß — im Gegensatz zu dem die Eröffnung des Hauptverfahrens auf erhobene Anklage ablehnenden Beschluß nach § 204 Abs. 1 und 3 StPO. — dem Beschuldigten nicht bekannt gemacht wird und hier keine Anhaltspunkte dafür vorhanden sind, daß der Verurteilte anderweit von jenem ablehnenden Beschlusse erfahren habe.

[3]) Ob die falsche Aussage tatsächlich einen Einfluß auf das Urteil gehabt hat, ist nicht schon jetzt, sondern erst im weiteren Verfahren zu prüfen (§ 370 StPO.).

[4]) Über Auslieferungsverträge überhaupt vgl. Löwe GVG. Vorbem. zum 13. Titel, A. I 3b — S. 1207 —!

[5]) Die Entscheidung des Kammergerichts in JW. 1927 S. 2073 Ziff. 29, daß jeder W.-A.-Antrag, der so gedeutet werden muß, daß er sich auf der Behauptung aufbaut, die Grundlage des Urteils sei durch eine Verletzung der Eidespflicht zustande gekommen, nur aus § 359 Ziff. 2 zuzulassen sei, wird in den dieser Entscheidung angefügten Glossen mit Recht widerlegt.

Im Falle des § 359 Nr. 5 richtet sich der Antrag gegen die Entscheidung der Schuldfrage; dieser sind jedoch alle Tatsachen gleichzustellen, welche das Vorhandensein und das Erlöschen des staatlichen Strafanspruchs betreffen, also auch die Frage der schon rechtskräftig entschiedenen Sache (Löwe § 359 A. 20). Die hier behauptete Verletzung des Grundsatzes „ne bis in idem" gehört nicht bloß dem Prozeßrecht an, sondern auch dem materiellen Strafrecht; denn dieser Grundsatz betrifft nicht nur ein Prozeßhindernis, sondern verleiht auch ein materielles Schutzrecht gegen die Verhängung einer zweiten Strafe wegen derselben Tat (Löwe Vorbem. zum 2. Buch, A. 22d — S. 407 —)[6].

Der Verbrauch der Strafklage wird nicht nur durch Urteile bewirkt, sondern auch durch solche Beschlüsse, welche die Eröffnung des Hauptverfahrens ablehnen, sofern sie eine endgültige Erledigung des Streitfalles bezwecken (Löwe, ebenda A. 23e und g — S. 408/409 —). Der Beschluß des Amtsrichters, der die Erlassung eines Strafbefehls ablehnte, gehört zu den Beschlüssen dieser Art[7]).

Der Grundsatz, daß auch eine die Einstellung des Verfahrens oder die Unzulässigkeit der Strafverfolgung aussprechende Entscheidung die Strafklage verbraucht, erleidet eine Einschränkung nur dann, wenn sich die Entscheidung auf das Vorliegen eines prozessualen Mangels gründet, der noch behoben werden kann; so schließt die wegen Mangels oder Unwirksamkeit des Strafantrags ausgesprochene Einstellung eine neue Verfolgung nicht aus, wenn sich herausstellt, daß anderweit ein gültiger Strafantrag gestellt war oder wenn

---

[6]) Die Entscheidung des Kammergerichts in JW. 1927 S. 2073, Ziff. 28, daß die Verletzung des Grundsatzes „ne bis in idem" kein Wiederaufnahmegrund sei, ist nicht zu billigen.

[7]) Die Befugnis des AR. zur Erlassung eines solchen Beschlusses ist zwar in der StPO. nicht ausdrücklich, insbesondere nicht in § 408 geregelt, wird aber von der Rechtsprechung und Rechtslehre allgemein anerkannt (Löwe § 408 A. 2); ein solcher Beschluß kommt sachlich dem in § 204 Abs. 1 bezeichneten Beschlusse gleich (Löwe § 408 A. 5). Da es sich um einen Beschluß dieser Art und nicht um einen erlassenen Strafbefehl handelt, ist hier die Streitfrage, wieweit ein Strafbefehl die Strafklage verbraucht (Löwe Vorbem. zum 2. Buch A. 23f und § 410 A. 3a), nicht von Bedeutung.

er noch rechtzeitig nachgeholt wird (Löwe Vorbem. zum 2. Buch A. 23e — S. 408 —). Dies ist aber hier nicht der Fall, weil für den zum Strafantrag wegen der Mettwürste berechtigten Josef S., der von der Tat und der Person des Täters schon am 15. November 1922 hinreichend Kenntnis erlangt hatte, die Antragsfrist längst abgelaufen ist (§ 61 StGB.). Da durch die richterliche Entscheidung die Strafklage nach allen bei ihr möglichen strafrechtlichen Gesichtspunkten erledigt wird, gleichviel, ob diese sämtliche gewürdigt sind oder nicht, kann auch eine Veränderung des rechtlichen Gesichtspunktes nicht die Zulässigkeit einer abermaligen Erhebung der Strafklage begründen (Löwe Vorbem. zum 2. Buch A. 24a — S. 410 —). Es ist daher unerheblich, daß die Entwendung der Mettwürste in dem amtsgerichtlichen Beschluß nur als Mundraub nach § 370 Nr. 5 StGB. beurteilt wurde, im schöffengerichtlichen Urteil aber mit der Entwendung des Schinkens zu einem einheitlichen Vergehen des Diebstahls nach § 242 StGB. zusammengefaßt wurde und nun, auf Grund der Äußerung, die Wunder nach Schluß der schöffengerichtlichen Verhandlung einem Freunde gegenüber gemacht hat, auch für sich allein betrachtet, keinen Mundraub, sondern einen Diebstahl darstellt[8]). Es hat also dabei zu verbleiben, daß durch den amtsgerichtlichen Beschluß die Strafklage insoweit verbraucht ist.

Unter der Annahme, daß dem Schöffengericht lediglich die Entwendung der Mettwürste zur Entscheidung vorgelegen haben würde, ist hiernach die Behauptung, daß ein die Erlassung eines Strafbefehls ablehnender Beschluß vorliege, eine neue Tatsache, die allein schon geeignet ist, die Freisprechung des Kräftig zu begründen[9]).

---

[8]) Diebstahl ist es deshalb, weil durch die bei Kr. u. W. vorhanden gewesene Absicht der Veräußerung gegen Entgelt der für einen Mundraub zu fordernde Verbrauchszweck ausgeschlossen wird (LK. § 370 A. V 7; Gesindediebstahl kommt bei einem Gewerbegehilfen nicht in Frage; LK. § 247 A. 2b β).

[9]) Hierbei macht es keinen Unterschied, ob das neue Urteil auf Freisprechung oder — wie hier richtiger — auf Einstellung des Verfahrens wegen Verbrauchs der Strafklage wird lauten müssen, denn auch eine solche kommt sachlich einer Freisprechung gleich.

3. Würde der W.-A.-Antrag nur gegen die Verurteilung bezüglich des Schinkens oder nur gegen die Verurteilung bezüglich der Mettwürste sich richten, so müßte seine Zulässigkeit bezweifelt werden. Denn wenn eine Tat nach der Annahme des Eröffnungsbeschlusses eine Mehrzahl von Objekten betrifft und hinsichtlich eines Teiles derselben der Schuldbeweis nicht erbracht wird, so bleibt doch immer noch dieselbe Tat — wenn auch in vermindertem Umfang — bestehen und es wäre unstatthaft, bezüglich der nichterwiesenen Teilobjekte auf Freisprechung zu erkennen (Löwe § 260 A. 7b a. E.); es hätte also das Schöffengericht den Kräftig auch dann noch eines Diebstahls schuldig sprechen müssen, wenn die Entwendung eines der beiden Objekte, sei es des Schinkens oder der Mettwürste, auszuscheiden gewesen wäre, zumal die Entwendung der Mettwürste mangels Absicht des Verbrauchs derselben auch nicht als bloße Übertretung nach § 370 Nr. 5 StGB. hätte beurteilt werden dürfen. Hier aber umfaßt der Wiederaufnahmeantrag die sämtlichen damals der Aburteilung unterstellten Objekte und greift also das Urteil in vollem Umfang an. Bei dieser Sach- und Rechtslage kann die Frage unerörtert bleiben, ob der Verbrauch der Strafklage bezüglich der Mettwürste auch die Unzulässigkeit der Verfolgung bezüglich des Schinkens etwa aus dem Grunde nach sich gezogen haben würde, weil die beiden Entwendungen nur als unselbständige Teilhandlungen eines einheitlichen, auf mehrere Objekte gerichteten Diebstahls zu beurteilen gewesen wären.

Nach alledem rechtfertigt sich die Entscheidung unter I.

II. Der Antrag des Vormunds Vorndran.

Nach § 365 mit § 298 StPO. ist auch der gesetzliche Vertreter eines Verurteilten zur Stellung eines Wiederaufnahmeantrags berechtigt. Der Antragsteller Vorndran ist durch Beschluß des Vormundschaftsgerichts vom 28. April 1927, der ihm sofort verkündet wurde, aus seinem Amt entlassen worden (§ 1886 BGB.). Nach § 16 Abs. 1 und 3, § 60 Ziff. 3 und § 24 Abs. 1 FGG. wird die Entlassung mit der Bekanntmachung wirksam, die Beschwerde hat keine aufschiebende Wirkung (Keidel FGG. 3. Aufl. § 60 A. 4 Abs. 2). Vorndran ist also nicht mehr Vormund und zur Stellung des Antrags nicht berechtigt. Schon dies rechtfertigt die Entscheidung unter II.

Der Antrag wäre auch bei fortdauernder Legitimation des Vorndran, und selbst wenn man in seinem Vorbringen eine ausreichende Angabe von Beweismitteln erblicken wollte (§ 366 Abs. 1 StPO.) als unzulässig zu verwerfen: Er könnte sich nur auf § 359 Nr. 3 StPO. gründen in Verbindung mit § 334 StGB. Es sind aber keine Anhaltspunkte vorhanden und vom Antragsteller im Ernst auch gar nicht behauptet, daß der Schöffe Mohr die Zigarette deshalb gefordert oder angenommen hätte, um dafür pflichtwidrig für eine höhere Bestrafung des Wunder einzutreten. Auch eine sonstige kriminell-strafbare Handlung des Mohr ist nicht behauptet. Es ist also überhaupt kein gesetzlicher Wiederaufnahmegrund geltend gemacht (§ 366 Abs. 1 StPO.). Auch für § 359 Nr. 3 gilt an sich die Bestimmung des § 364; es kann aber, da der Antrag ohnedies unzulässig ist, hier dahingestellt bleiben, ob die behauptete Geisteskrankheit des Mohr erst jetzt die Durchführung eines Strafverfahrens gegen ihn unmöglich machen würde oder ob sie schon im Zeitpunkt seiner Mitwirkung als Schöffe bestanden haben soll. Letzterenfalls wäre, falls die Voraussetzungen des § 51 StGB. vorlagen, eine strafbare Handlung des Mohr schon aus diesem Grunde nicht vorhanden und damit die Voraussetzung des § 359 Nr. 3 nicht erfüllt (Löwe § 364 A. 3 a. E.)[10]).

III. Der Antrag des Nebenklägers.

In dem früheren Verfahren war Xaver Selcher durch Beschluß des Amtsgerichts vom 21. März 1923 als Nebenkläger zugelassen worden. Auf die Fortdauer dieser Eigenschaft hatte

---

[10]) Soweit der Wiederaufnahmeantrag sich darauf gründen sollte, daß Mohr schon bei der Urteilsfällung unzurechnungsfähig gewesen sei, wäre er unzulässig, weil die Wiederaufnahmegründe in § 359 erschöpfend aufgeführt sind. Soweit die Mitwirkung eines geschäftsunfähigen Richters eine Nichtigkeit des Urteils begründen kann (vgl. über die Möglichkeit nichtiger Strafurteile Löwe Vorbem. zum 2. Buch, A. 27a), kann dieser Mangel nur im Wege der Einwendungen gegen die Zulässigkeit der Strafvollstreckung geltend gemacht werden (Löwe § 458 A. 2a).

die Zurücknahme des Antrags auf Zuerkennung einer Buße keinen Einfluß, da in dem Ziel, eine Buße zu erlangen, die Funktion des Nebenklägers sich nicht erschöpft. Der Anschluß des Nebenklägers erstreckt sich auf das ganze Verfahren und im Falle der Wiederaufnahme muß der Nebenkläger sogar von Amts wegen wieder zugezogen werden (Löwe § 395 A. 8). Es bedarf daher keines neuen Beschlusses auf Zulassung des S., vielmehr lebt seine Funktion, sobald von anderer Seite die Wiederaufnahme beantragt wird, von selbst wieder auf (Löwe § 395 A. 7a). Der Antrag ist somit gegenstandslos.

Der weiteren Ausübung der Rechte als Nebenkläger stünde übrigens der Umstand nicht entgegen, daß der Antrag auf Zuerkennung einer Buße, wenn er einmal zurückgenommen ist, nicht mehr erneuert werden kann (§ 404 Abs. 2 StPO.), da in der Buße, wie schon ausgeführt, die Rechte des Nebenklägers sich nicht erschöpfen.

IV. Der Antrag der Staatsanwaltschaft.

Der Antrag gründet sich auf § 362 Nr. 4 StPO. Die Beweismittel sind bezeichnet (§ 366 Abs. 1). Wird die unter Beweis gestellte Tatsache erwiesen, so liegt ein vom Freigesprochenen, d. h. nach erfolgter Freisprechung, abgelegtes (Löwe § 362 A. 8) außergerichtliches Geständnis vor. Daß es sich bei der Äußerung, die Wunder einem Freunde gegenüber gemacht haben soll, nur um Großsprecherei gehandelt habe, ist nicht ersichtlich, das Geständnis erscheint daher vorerst als ernst gemeint und glaubwürdig. Nun lautete zwar der Eröffnungsbeschluß auf ein Vergehen des Diebstahls nach §§ 242, 47 StGB., während das Geständnis auf eine Begünstigung nach §§ 257, 258 oder auf eine Sachhehlerei nach § 259 StGB. schließen läßt. Es ist aber gleichgültig, ob die Handlung in der Gestalt, wie sie jetzt zugestanden wird, der im Eröffnungsbeschluß angenommenen rechtlichen Beurteilung entspricht, wenn nur die Identität der Tat vorhanden ist (Löwe § 362 A. 9 a. E.). Der Begriff der Identität der Tat aber ist aus der Vorschrift des § 264 StPO. zu bestimmen; er umfaßt dasselbe historische Vorkommnis, d. h. entweder dasselbe konkrete Tun des Angeklagten oder doch seine, wenngleich in einem anderen Tun bestehende Beteiligung an demselben Vorgang, welcher die Substanz der Anschuldigung bildete (Löwe § 264 A. 2). Die Annahme von Begünstigung statt Mittäterschaft oder von Hehlerei statt Diebstahl berührt nicht die Identität der Tat, sondern bedeutet nur eine erlaubte tatsächliche und rechtliche Abweichung vom Eröffnungsbeschluß (Löwe § 264 A. 3a Abs. 2).

Hiernach sind die Voraussetzungen des § 362 Nr. 4 StPO. alle gegeben, die Entscheidung unter IV also gerechtfertigt.

Heldburg, den 1. Juni 1927.

Das Amtsgericht.
gez. Alt.

Nachbemerkung: Das Gesuch des Landwirts Kiegle um Strafaufschub für Wunder ist an die Staatsanwaltschaft gerichtet und steht mit dem Wiederaufnahmeverfahren nicht im Zusammenhang. Das Schriftstück ist offenbar nur deswegen zu den vorliegenden Gerichtsakten gekommen, weil sich auf ihm die Feststellung des Vormundschaftsgerichts befindet. Das Gesuch ist von der Strafvollstreckungsbehörde zu bescheiden. Es ist daher vom Amtsgericht an diese abzugeben oder, wenn das AG. Heldburg — was die Aufgabe nicht ersehen läßt — selbst Strafvollstreckungsbehörde ist, von ihm selbst, aber jedenfalls außerhalb des Wiederaufnahmeverfahrens und erst nach Überprüfung der Gesuchsbehauptungen durch entsprechende Erhebungen, zu erledigen.

Kolibri 360 GmbH
Ferdinand-Jühlke-Straße 7
99095 Erfurt, Deutschland
produktsicherheit@kolibri360.de